ヒューマニスティック・サイコセラピー
ケースブック 1

伊藤義美 編
Ito Yoshimi

ナカニシヤ出版

まえがき

　20世紀における科学や科学技術の急速な発展は，人類に未曾有の物質的な繁栄をもたらした。しかしその物質的な豊かさとうらはらに，あるいはそれゆえに地球規模の自然・環境の破壊と精神の荒廃がいつの間にか進行し，こころの問題はいまや国際的にも社会問題化している。人類の幸福と共存は，その実現からほど遠いのが実情である。不登校，いじめ，DV，自殺，犯罪，うつ病などこころやメンタルヘルスの問題は，子どもから大人までだれもが大なり小なり直面している21世紀初期の人類的課題の1つであろう。

　サイコセラピー（心理療法）は，人間のこころを扱う専門的な臨床実践的営為である。時代的にも社会的にもサイコセラピーへの熱い期待が，様々な層や領域で高まってきている。現代のサイコセラピーの理論や実践には多様な学派や系譜があり，それらはさらに発展・分化し続けており，その全体的な統合はまだ先のことのように思われる。それだけ人間のこころや人間性には奥深いものがあり，その可能性は大きいといえるだろう。数多いサイコセラピーの立場が出現しているが，サイコセラピーの大きな潮流として精神分析的立場，行動主義（行動療法）的立場，ヒューマニスティック的立場，トランスパーソナル的立場の4大潮流が考えられる。4大潮流の中でも人間の幸福，目的，意味について正面から取り組んでいるのが，ヒューマニスティック・サイコセラピーや人間性心理学である。人間性の全体的・肯定的な捉え方，治療的変化を促進するためのセラピスト－クライアントの治療関係の重視，セラピストの治療的プレゼンス，クライアントの体験過程の推進などは，ヒューマニスティック・サイコセラピーやヒューマニスティック・アプローチが強調するところである。それらの要因は，他の潮流や学派にも影響をあたえている。特に精神分析的立場と行動主義的立場は，ヒューマニスティック的立場に近づいてきているようであり，サイコセラピーの統合が進んでいる。

　臨床心理士や心理カウンセラーなどの心理臨床の専門家や学生が，精神分析

的サイコセラピーや行動療法などに比べて，ヒューマニスティック・サイコセラピーを本格的に学ぶ機会や適切な文献がそれほど多くないのが現状である。

本書は，広い意味でのヒューマニスティック・サイコセラピーおよびアプローチのうち代表的な立場によるケースが編集してある。具体的には，パーソンセンタード／体験過程療法（第1章），現象学的・人間学的サイコセラピー（第2章），プレイセラピー（第3章），ゲシュタルト・アプローチ（第4章），ディグニティ・セラピー（第5章），内観療法（第6章），表現療法（第7章），パーソンセンタード・エンカウンターグループ（第8章）およびサポートグループ（第9章）の治療実践ケースである。執筆は，いずれもその立場での臨床実践や研究に取り組んでこられた方々にお願いしている。読者は，具体的なケースを通してヒューマニスティック・サイコセラピーおよびアプローチの理論と実践について理解を深めることができるであろう。しかし実際の経験はケースに記述された以上のものが背後にあることを思い，実践者は自らの実感や経験や自分らしさを大事にした実践や取り組みを心がけることが重要になると思われる。

本書が，ヒューマニスティック・サイコセラピーおよびアプローチの実践と研究の発展にささやかでも役立つならば，それこそ望外の喜びである。

最後に，執筆をお引き受けいただいた方々と，本書の出版に理解を示され，ご尽力いただいたナカニシヤ出版の宍倉由高編集長と山本あかね氏に深く感謝する次第である。

2008年7月

編 者
伊藤義美

目　次

まえがき　*i*

1 パーソンセンタード／体験過程療法の治療ケース：自己臭妄想の高校生との取り組み ･････････････････････････････ *1*
   1．はじめに　*1*
   2．事　　例　*2*
   3．考　　察　*13*
   4．まとめ　*16*

2 現象学的・人間学的サイコセラピーのケース：あるエンジニアにおける超越 ･････････････････････････････････ *19*
   1．はじめに　*19*
   2．面接過程　*21*
   3．考　　察　*33*

3 プレイセラピーのケース：トイレ強迫から電車マニアへ ･･ *41*
   1．事例の概要　*41*
   2．プレイセラピーの経過　*47*
   3．この事例の考察　*53*

4 ゲシュタルト・ワークによる自己疎外からの回復過程 ････ *57*
   1．はじめに　*57*
   2．事例の概要　*58*
   3．ゲシュタルト・ワークの具体的展開　*59*

4. 考　察　*68*
　　5. おわりに　*71*

5　ディグニティ・セラピーという物語 ･･･････････････････*73*
　　1. はじめに　*73*
　　2. ディグニティ・セラピー　*73*
　　3. ナラティヴ・セラピー　*74*
　　4. ケ　ー　ス　*76*
　　5. 考　察　*77*

6　内観療法におけるケース：「医学モデル」と「成熟モデル」
　　を中心に･･･*85*
　　1. はじめに　*85*
　　2. 吉本伊信による内観法の定義　*85*
　　3. 内観療法発生の経緯　*86*
　　4. 内観療法の定義　*87*
　　5. 医学モデルとしての内観　*88*
　　6. 成熟モデルとしての内観　*94*

7　心理療法（表現療法）における心像の展開：夢，描画，内的世
　　界の変容 ･･*101*
　　1. はじめに　*101*
　　2. 事例の概要　*101*
　　3. 治療過程と「心像」の展開の実際　*104*
　　4. おわりに　*119*

8　パーソンセンタード・エンカウンターグループ：ラホイヤ・
　　プログラム（La Jolla Program）体験のケース ･･･････*121*
　　1. はじめに　*121*

2．パーソンセンタード・エンカウンターグループとは　*122*
   3．パーソンセンタード・アプローチにおけるケース：自己の心理的成長の記録として　*123*
   4．ケース：ラホイヤ・プログラム体験　*123*
   5．私のグループ体験とファシリテーター　*133*
   6．おわりに：私が私になるためのプロセス　*135*

9　**サポートグループ：2つのグループ・ケース**　……………*137*
   1．はじめに　*137*
   2．女性のライフステージ（成年期から）をともに生きてきたグループの事例　*139*
   3．ある女子中学生にかかわる人々のためのサポートグループの事例　*144*
   4．おわりに　*151*

索　引　*153*

1

パーソンセンタード／体験過程療法の治療ケース：自己臭妄想の高校生との取り組み

伊藤義美

1. はじめに

　パーソンセンタード・セラピー（あるいはパーソンセンタード・アプローチ）というと，その創始者はロジャーズ（Rogers, C. R.）であるが，体験過程療法（Experiential Psychotherapy）というと，ジェンドリン（Gendlin, E. T.）の体験過程療法（Gendlin, 1973 など）やマーラー（Mahrer, A. R.）の体験的心理療法（Mahrer, 1996 など）などが含まれる（Greenberg et al., 1998）。いずれも体験的（experiential）ということを重視しているが，ジェンドリンとマーラーの体験過程療法（体験的心理療法）ではかなり異なっている。本章では，ジェンドリンの体験過程療法を指している。ハート（Hart, 1961）は，かつてクライアント中心療法（パーソンセンタード・セラピー）の発展を3期に分けた。つまり，第1期は非指示的サイコセラピー，第2期はクライアント中心療法，そして第3期が体験過程療法である。クライアント中心療法（パーソンセンタード・セラピー）の流れを組む体験過程（experiencing）の理論は，ジェンドリン（Gendlin, E. T.）によって発展がはかられた（Gendlin, 1961, 1962, 1973）。体験過程の理論が他の治療様式や技法と組み合わされることで，体験過程療法（Experiential Psychotherapy）となりうるとされている。体験過程療法は，まだはっきりとした形になっていないもの―そこから言葉が生まれ出る，そのもとになるフェルトセンス―に焦点をあてる。治療的な動きは，すでにはっきりとわかっていることのもとに身体で感じられるものに注意を向け，そこから応

答し，そしてしばらくそれとともにいるという行為から生まれる。パーソンセンタード／体験過程療法とは，ロジャーズとジェンドリンの理論と方法を基本としているサイコセラピーである。

「自分の何らかの身体的欠陥のためにまわりの人達に不愉快な感じを与えるという妄想的確信を抱く一群の病態」を思春期妄想症と呼び，その代表に自己臭妄想と自己視線恐怖があげられている（村上，1976）。本章で報告するのは，高校2年生になって不登校に陥り，思春期妄想症（自己臭）と診断されたM君に対して行ったサイコセラピーの試みである。サイコセラピーは，基本的にパーソンセンタード／体験過程療法の立場を重視して行われた。筆者が大学院生のときにかかわった印象深いケースである。

M君の母親は，臭いにとらわれている息子を「とらわれの王子」と称し，自室に閉じこもりがちなところから「座敷牢の若様」と呼んで哀れんだ。王子の臭いへの確信は完全には消失しなかった。しかし若様は体臭へのとらわれ体験に立ち向かい，座敷牢を抜け出て1年後には復学し，やがて進級した。援助活動として治療面接の他にM君との卓球や親との面接を導入したが，ここではM君との計13回の面接過程を中心に報告する。

2. 事　例

M君
　高校2年　男子　満16歳（来談時）
主　訴：「学校へ行かない。臭いがすると言う」（親の訴え）

2-1. 発症の契機と経過および診断
　高校1年の4月末，2～3人の女子生徒が教室で自分の臭いのことを話題にしていると感じる。それ以後，自分が臭うことが気になり，人との接触を避け始める。臭いを感じる対人状況が次第に広がっていった。臭うことがただ恥ずかしくて誰にも話せず，1人で苦しみながらも1年間は何とか通学する。高校2年の始業式に登校したが，翌日から不登校に陥った。自室に引きこもって，家族や担任にも会わない。理由を問いつめる母親に殴る，蹴る，頭髪を持って

引きずり回すなどの家庭内暴力をふるう。やっとのことで4月末に録音テープに吹き込んで臭いのことを打ち明けた。医療機関で思春期妄想症と診断された。筆者が会うまでは，特に父親がA君を車に乗せて相談機関（民間の心理研究所，催眠，針灸，御祓いなど）をめぐっていた。

2-2. 家族構成

両親，姉，M君の4人家族。

M君：高校2年生。内弁慶。外面的な従順さと内面的な融通のなさを併せもつ。成績は優秀で，父親の期待は大きい。

父親：40代半ば。私大（夜間）卒。会社員（中間管理職）。気が短く頑固。自己中心的だが，情は深い。

母親：40代半ば。短大卒。何でもやってみたいほうで，現在も仕事をしている。口やかましく過干渉で，M君の自発性を損なってきた。表面的にはうまくおさめてきた夫婦関係だが，精神的にはしっくりいかず，心に通じ合うものがない。

姉：短大1年生。内向的だが，親に口答えをするときは徹底して口答えする。趣味や好みは，M君と正反対である。

2-3. M君の生活歴

乳幼児期には特に問題はない。運動好きの活発な子だった。素直で聞き分けがよく，なんでもできた"いい子ちゃん"。遊び相手は年上が多かった。父親の会社の家族寮に住んでいた。会社が出資する幼稚園では，"アパートちゃん"と特別扱いされがちだった。小学3年生のとき，担任に授業態度や字の汚さを注意されるうちに「恥ずかしさ」を意識しだす。人前で話すことが，ただ恥ずかしく，おっくうになる。勉強はあまりしなかったが，学業成績はいつもトップ・クラスだった。だが，担任には「もう少し積極的に」とか「いまひとつ発揮できないものがある」と言われた。小学6年のときに新居に移り，転校してそれまでの遊び友達と離れた。特に親しい仲良しはいなかった。中学校では運動部に入り，比較的熱心だった。学業成績は良かったが，父親は「もっと頑張れ」としか言わず，M君は母親にその不満を訴えたことがある。中学2年に初

恋を経験したが，淡い片思いに終わる。高校は進学校に入るが，1年生のクラスは面識のない者ばかりだった。授業が難しくなり，勉強せざるをえなくなる。そして高校1年の4月末に自己臭恐怖を発症し，高校2年になった時点で不登校に陥ったのである。

2-4. 治療面接の過程

治療面接は，M君の意向と親側の都合により原則として隔週に約50分行った。M君は，父親か母親によって自家用車で連れてこられた。初回面接においてM君の態度が，これまで経験した来談者とかなり異なることがわかった。それは，治療への動機づけがさほど強くないこと，沈黙がちなことなどによって特徴づけられていた。そこで行ったのが，卓球というピンポン球を介する非言語的身体活動による相互作用をも含めたアプローチである。2回目から面接の後でM君との卓球を20分程度行った。そして親への援助として3回目から親との面接を始めることにした。

M君とは計13回の面接と計10回の卓球を行い，親とは計11回の面接を行った。ただし，父親が来談したときは，M君と父親が卓球を行った。ここでは，M君との計13回の面接過程を4期に段階づけして報告することにする。

第I期：「自己と症状（体臭）を切り離して，脅えている自己の開示を諦めている時期」〔初回（8月25日）から3回目（9月22日）まで〕

M君（以下，Clと略記）は，グレーの綿パンにズック靴，そしてTシャツという軽装。色白で長い髪が顔の右半分にかかっている。簡単な場面構成をして録音の許可を求めるが，拒否される。Clはソファの端に座り，黙ってうつむいたままである。右手を握って左手の指でソファをいじり，ときどき視線を上げてジッとセラピスト（以下，Thと略記）を見つめたり，ニッとふくみ笑いをする。Thからの問いかけや感情の明確化にも反応がないことが多く，十分に待ってやっと簡単な応答が返ることがある。話す声は小さく，ぼそぼそと口の中で話すので聞き取りにくい。しかしThの聞き誤りには，怒ったようにきちんと訂正させる。軽装にもかかわらず，Clの拒否的態度は，どこか陰気でとっつきにくさを感じさせる。

症状（体臭）やそのことで脅え苦しんでいる自己の訴えはまったくなく，黙

って受身的に座っているClである。そうしたClへの関心は強まったが，Thには次第に沈黙が苦痛になってきたので，初回面接の後半はThのほうから話を切り出してみた。Clへのとっかかりを見つけようとするが，Clの反応はそっけない。そこでClの内的生活歴を尋ねることによって，Cl自身がこれまでの歩みを確認すると同時に，Thの側にもClの理解を深めることを試みた。これに対してClは，恥ずかしげな笑みをも交えてぼそぼそと話してくれた。小さい頃の遊び（缶蹴りやドッチボール）については，目の輝きが増し，懐かしそうな様子である。Thは，Clにあたかも"いま，この場で"再体験するようにClの感情を伝え返し，何を話してもいいことが伝わるように心がけた。

　高校に入学する時点までの歩みが，初回（父親と来談）と2回目（母親と来談）の前半に語られた。臭いについては，2回目の後半と3回目（母親と来談）にぽつりぽつりと話す。それによると，「原因不明，正体不明の臭いが，とにかく自分の身体から出ている。1人でいるときはあまり感じないが，人といるとその人が顔や素振に表すので臭っていると思う。人を避けだした。臭うと直接言われたことはない。臭いよりもそのことで人に迷惑をかけるのが嫌である」ということであった。

　家族についてはしばらく無言だったが，臭いと関連づけて次のように語った。「（家族は）自分の言うこと（臭うこと）を信じてくれないから，もう諦めた。以前はわかってもらいたかったが，もう思わない。話を聞いてくれたが……わかったようなふりをしたけど……本当はわかっていない。自分のことを本当にわかってくれる人はいない。わかってもらう必要もない」と。この発言は，Thにも突きつけられた感じである。今どんなことを望んでいるかと尋ねると，「臭いの問題が解決されること」という言葉が返ってきた。この言葉にClがかかえた問題の深刻さを感じたThである。

＜印象＞他人への不信感が強く，家族内でも孤立のCl。自分でもわけがわからない，他人にもわかってもらえない，という自己確信に打ちのめされたように1人苦しむCl。その脅えや辛さを表現することさえ諦めているようなCl。Clの態度や問題からして，一筋縄ではいかない感じを受けるThであった。

第Ⅱ期：現実での自発的な動きの開始と自己内界を表明する時期〔4回目（10月9日）から7回目（11月10日）まで〕

　4回目（10月9日　父親と来談）

＜話題＞①前から長い髪のことを言われていたので，しかたなしに散髪に行った。嫌な気はしたけど，ひどくはなかった。②学校で先生に数学をみてもらうことになった。③相変わらず臭いはする。どうも身体全体から出るみたい。④自分ではどうしたらいいかわからない。苦しみをわかってもらいたい気持ちもあいまい。Th「考えたこととか話してみたいことはないの」と問うと，Cl「ない」と小さな声で首を横に振る。自発的に話すことがなく，Thが言語化したり，この点はどうかと話をつなぐことがつい出てしまう。Th「自分を見つめ直すことは？」Cl「ない……」。しばしの沈黙があって，Th「自分の問題から逃げているのでは？」という問いかけに考え込むような様子のCl。そのまま20分近い沈黙が続く。これまではThの側が沈黙を破りがちであることに気づき，Clのあるがままを認めようとした。沈黙に己を委ねてThの体験過程やClとの間で生まれる現象に対峙してみようと思った。「フハッ」と，Clは急に吹き出した。Th「どうしたの？」。Cl「眠くなってきた。しゃべってないから」と笑顔で話す。Thはいささか拍子抜けして笑ってしまった。この発言は，"いま，ここ"でのClの率直な自己表明であった。Cl「どうしたらいいかということは，気になっている」と神妙な顔で続けたが，それっきり終了時間まで沈黙で終わった。

　Clはこの沈黙を「ママ！"だんまり比べ"をしてね，軍配はどうも僕にあがったよ」と，話したことを母親は語っている。

　5回目（10月13日　母親と来談）

＜話題＞①家族と日常のことは話すが，臭いや学校のことは話さない。学校や勉強のことは8月頃から口やかましく言われなくなった。話しかけられても返事をしなかったら止めてしまった。両親は焦っていた。早く学校へ行ってほしがっていた。自分は臭いのことを考えていた。原因を考えたがわからなかった。口には出さなかったが，自分なりに考え，苦しんでいた。②（親は）学校のことは言わないが，小さなことや関係ないことを変になすりつける。「小さなことを気にするな！」とか「そんなもん気にしとるな！」と言う。気にしてない

ことでも変に結びつけている。勘違いを勘違いと思っていない。（親と）自分との感じ方にズレがある。③親が学校のことを言わなくなったのは，留年が決まったことと，小さなことを気にしなければ良くなることを考え出したから。④これまでは自分1人でやってこれた。初めて大きな問題にぶつかった。今までここへ来たのは，相談したい気持ちからだが，「本当に相談した」という気持ちになったことはない。「いい方法ないかな」と，治すのに良い方法を教えてくれることを期待していた。相談よりも早く良くなりたいことのほうが，いつも頭にあってじっくり考える余裕がなかった。これからは考えてみようと思う。2人で一緒に考えていくことを確認して終了する。
＜印象＞Clの表情も明るく，親への怒りとともに自己表明も多く出される。Thに心を開いてくれ，受動的で自己表明・探索が乏しい態度から自己を探索する態度が出てきたことを確認できて嬉しく思う。Thもこれからが本当の"2人での旅路"という感じがして，身が引き締まる思いがする。

　6回目（10月27日　父親と来談）
＜話題＞①思い立って部屋と風呂を掃除した。家族がほめてくれた。初めて自分で掃除できたことが嬉しい。②親とは話が合わない。興味ある話をしても反応がなかったり，ピントがズレている。③「最近，考えなくなった。虚無的になっている。どうでもいいやって感じ。小さいことを気にしないようにと思っていたら，そうなった。考える気力がない。何をするにも気力がなくなって……ぼんやりしていたいが，ぼんやりしていると落ち着かない。Th「どうして？」Cl「勉強しなくてはという気があるから……」。Th「みんなから遅れていくよう？」Cl「ダメになっていく，自分が……」。Th「後退していく感じ？」Cl《うなずく》「学校へ行って勉強してみて，力が落ちていると感じた」。―略―Th「何が一番苦しい？」Cl「……やはり臭いのこと」。Th「どんなふう？」Cl「家族と話していても臭いのことは，少し気になる」。

　Clは人と一緒にいると臭いを感じると言うので，Th「こうしてこの場で話していてどうか」と尋ねる。Cl「感じているんじゃないかなと思う」。Th.「臭いを感じていながら感じていないふりをしてる？」Cl「そこまではわからない。臭うかどうか相手に聞いたことはない。そんな気も起きなかった。感じているものと思ってしまった」。Th「臭いを感じることと実際に臭うことは別ではな

いの？」Cl「そう思うこともなかった。やはり気になる」。Th「そのへんの気持ちは，人にはわかってもらえないような……」。Cl《うなずく》Th「M君としては深刻な問題だね」。Cl《うなずく》こうしたやりとりが続き，Cl「朝早かったから頭の回転が鈍く，ボケッとしている。人とあまり話してないから，つまったり言葉が浮かばない。聞いてくれたほうが話しやすい」と，自分からの自己表現が苦手であることを率直に表明する。

＜印象＞顔色も良くなり，声も幾分大きく，発言も増える。「虚無的」とか「ダメになっていく」と，自己の否定的な感情が吐露され，Clの急迫した内界をかいま見た思いのTh。これからClの自己探究が本格化しそうか。自己内界を見つめ，そこに脅えと不安を覚えずにおれないCl。

　7回目（11月10日　母親と来談）

＜話題＞①数学と英語のプリントをもらってくるが，やり出すまでが長い。復学しても急にはできないので，頭の準備運動のつもりでやっている。②テレビを観ていて母親が man to man の to を数字の two と間違えたことを「おかしなことばかり言う」とやや冷笑的に話す。③2日前から縄跳びを始めた。身体がなまるので体力をつけるように先生にすすめられた。④学校からは，「早く家に帰りたい」という気持ちで足早に歩いてくる。帰るとホッとする。学校の受付で声をかけにくい。「おかしいなあ」と見られている感じ。いつもパパが取り次ぐ。自分ではどうも言えない。

＜印象＞明るい服装。だが話す言葉に力がこもらず，思ったより自己内界の表明の乏しさに物足りなさを感じるTh。黙っていてときどき視線を上げて見せるニタッとした笑いに，どういうつもりなのかと時として苛立つTh。「（ママが）おかしなことばかり言う」と，半ば冷笑的なClに"若者的な思い上がり，意地の悪さ"が感じられる。沈黙はそうでなくなったが，Clの笑いがまだ気になっているTh。

第Ⅲ期：「Thの奮起の促しと家族との対決の時期」〔8回目（11月24日）から9回目（12月15日）を経て，家族と衝突し，来談（12月22日予約）を拒否するまで〕

　8回目（11月24日　母親と来談）

＜話題＞①学校へは勉強が目的で行っている。受付ではいつも父親が話す。②

中退はしたくない。留年がどうこうよりも，早く今の状態から抜け出したい。それだけ。③抜け出したいと話すものの，それっきり押し黙ってしまう。前回同様，面接の場がどうも進展しない感じ。Cl の態度からも回復への意欲が伝わりにくい。そんな受け止め方をする Th には，「このままではいけない」という怒りの感情が湧いてきた。はからずもとうとう Th の感情をぶつけて Cl の奮起を促すことになった。Th「何をやろうとして来ているのかはっきりしない。困っていると言いながら自分で考えようという意欲が感じられない。僕もみんなも何とかしようと苦しんでいる。M 君自身が自分の問題に直面して，何とかしていく気持ちをもたなくては……！」と，食い下がるようにぶちまけた。

　Cl は驚いたように顔を上げたが，きまり悪そうに，「人に頼るような気ではない。自分でも何とかしなくてはと思う。どうしたらいいかわからない。何から手をつけたらいいかわからない」と，重い弁明をした。相談に来ることも，Cl「ずっと家にいて外に出ることがないから来たい」。Th「来るのを毎週にしたらどうか」には，下を向いて考えていたが，来るという返事はついになかった。Th は自分の腹立ちをぶつけたのを恥じつつ，ちょっと長くなるかもしれないがずっと会っていきたい意向を Cl に伝えた。Cl は静かに聞いていた。

　9回目（12月15日　母親と来談）

＜話題＞《髪が長くなったからと，頭の中央で左右に分けている》①縄跳びは3日坊主で終わった。身体の調子がいいと，腕立て伏せと筋肉運動をしている。②めずらしく象徴的な夢を見たことを話す。2〜3日前に見た夢。

　夢「サッカーの試合をやっている。中学時代のようで，見知らぬ場所でやっている。自分のほかに誰がいるかわからないが，皆が真剣な顔でプレーしている。どうも本当の試合のようである。周りは暗く，視界は狭い。試合をしているところだけが映っている。自分はバックを守っていたが，自分と関係ないところで味方が1点とられた。ゴールキーパーがボールの処理を誤った。さあどうにかして1点返さないといけないと，勇むところで目が覚めた」

　実際に自分がやっているような感じでそこにいた。朝起きる直前10秒ぐらいで見た夢。もっと続きを見たいと思ったという。③サッカーの試合とまではいかなくても，ボールを蹴ってみたい。

　面接の終了を告げると，「（ママが）歯医者に行くから，（ママとの面接を）

早めに終わってほしい」と話す。面接の場とは対照的にかなり力のこもった自発的な発言であった。

親との対決（12月21日）と来談拒否（12月22日）

年の暮れにM君と両親が衝突した。来談日の前日の夕食後，父親の髪が薄くなったという話題から，「お前（M君）が苦労かけとるでだ！」と，父親はこれまで抑えていたM君に対する憤懣を爆発させた。「お前みたいなものは」と，精神病呼ばわりのきつい言葉で罵倒したという。母親も父親に誘発され，「臭うと思い込んでいるだけで，実際は臭くない」と追い討ちをかけた。M君は以前のように暴れたり逃げ出したりせず，かなり長い間話し合った。だが，とうとう自室に引っ込んでしまった。「ああ……これでもうすべてが終わった。今までの努力も水の泡かしら」と，母親は目の前が暗くなったという。母親は当日の深夜と翌日の早朝に電話を入れ，Thと連絡をとろうとしたがつながらなかった。22日の午前9時頃，「（親と）一緒に行きたくない，と強硬に拒否している」と連絡が入り，初めてそこで事の真相を知った。

Thは「大変なことになった」と思い，これまで曲りなりにもM君と築いてきたものが一瞬にして崩れ落ちる感じに襲われた。面接が中断するかもしれないという不安とともに，宅訪ということも頭に浮かんだ。しかしとにかく今しばらくM君と家族に任せて様子をみることにした。

M君は，その2～3日後には何でもなかったように振る舞い，床屋に行ってさっぱりしてきたことを新年になって母親から聞いた。

第Ⅳ期：「いい方向へ前進している兆しを信じて，自分でやっていくしかないと決意する時期」つまり「自己決意の時期」〔10回目（翌年1月26日）から13回目（3月16日）まで〕

10回目（翌年1月26日　母親と来談）

＜話題＞《暮れの衝突の余波はどうかと，不安を感じながら久しぶりに会うClは，頬が少し落ちてスッキリした顔つき》①新年になっても特に変わらない。去年の暮れのことはあまり話したくない。②学校はやはり緊張する。でも行かなくてはいけない所。ここは，学校より楽な感じ。でも家ほどはのんびりできない。ここは来たいし，来なければ……と思う。《人が所用で入室し，一時中断》③4月からは登校しないといけないと思っている。見通しはわからない。

④家族と一緒に初詣に行き,「治るように」と祈った。ものすごい人出だったが,人はあまり気にならなかった。
＜印象＞思ったよりも元気なCl。前半は口が重く下向きがちだが,所用の撮影の後で「緊張した。何枚か写真を撮った」と,フッフッと笑う。その後は恥ずかし気な笑みを浮かべながら声も大きく口数も増え,正面を向いて話す。こんなにリラックスし,気持ちよさそうに話すClは初めて。撮影にあわてたThも気楽な感じで向かえた。以前とは違って"たくましさ"を感じさせるCl。

　11回目（2月9日　父親と来談）
＜話題＞①3月まで休学することになり,病院に診断書をもらいに行った。②少し態度が変わったんじゃないかと尋ねるが,「（パパは）変わったような点は何もない。（ママは）全然変わらない。（自分も）変わってないと思う」と話して無言となる。重苦しい窮屈な沈黙ではなく,Thはゆったりと落ち着いていることができる。Thは無駄な発言をしなくなり,Clも体験過程と一致したときのみ簡単な応答をする。

　　Th「この頃気分がいいんじゃない？」Cl《うなずく》……Th「気持ちが少しずつ楽になってきた」。Cl《うなずく》……Th「いい方へ向かっている感じ」。Cl《うなずく》……Th「このままスーッとうまく行きそう？」Cl「そこまではわからない」。Th「いい方向に向かっているんじゃないかなという程度」。Cl《うなずく》……Th「自分というものをもっと信じてもいいみたいに感じてる」。《無言》Th「その兆しが見えてきつつある」。Cl《うなずく》Thはこれ以上話さず,Clとの沈黙を味わいながらしっとりとその場にいた。
＜印象＞Clの中に生まれつつある肯定的な兆しが,この先どのように育っていくのか。どこまで信じていいのか。そうした気持ちの微妙な揺らめきに身を任せているようなCl。多くを語らないが,自らの中に進行しつつあるものを信じたいとすがる思いのClをいとしくさえ感じるThである。

　12回目（3月2日　母親と来談）と13回目（3月16日　母親と来談）
＜話題＞《入口でClのほうからあいさつをする。対面してClからあいさつをするのは,今回が初めて》①歯医者に通っている。いざ歯を抜くというときに気分が悪くなり,抜くのは次回。左上の奥歯に鈍い痛みがある。②《しばらく沈黙》Th「いつまで会う？」《しばらく考えて》Cl「今日でおしまいにした

い……」。Th「今まで会ってきて，どう感じる？」。Cl《無言》Th.「1人でやっていけそうかな？　自信や見通しは？」Cl「自信めいたものはないが，自分でやっていかないとしかたがない」。Th「自分でやるしかないって？」Cl《うなずく》（長い沈黙。緊張もなく，ゆったりとあるがままでいられる雰囲気。Clは時には視線を上げたり，ズボンのシワを伸ばしたりする）③Thは，今日で最後になると次第にぎこちなさを感じ出し，いまの沈黙をとりあげるとともに何か話してほしい気持ちが湧いたことを伝えた。Clは黙っていたが，Thが再度伝えると，「必要なときは話す」という言葉がきっぱりと返ってきた。④Th「以前にダメになっていくと話した。今は自信はないが，自分でやらなくてはと言う。その間はどうだった？」Cl「自分の中でもはっきりしていない」。Th「自分でやっていかなくてはということは，はっきりしている」。Cl《うなずく》……Th「臭いは？」Cl「ほとんど気にならないということではない。まだ気にはなっている」。最後に，「何か言っておきたいことやしてほしいことはない？」と聞いたが，考えているような味わっているような様子で黙っていたClである。

　面接を終え，いちおう今回きりとなる卓球を30分ほどやる。そしてThは「なんとか1人でやってみてほしい」と励まし，強く握手して別れる。照れ笑いのCl。心地よい，忘れがたい笑顔であった。

その後の経過

　M君は1年遅れて復学し，高校2年生をやり直すことになった。独力でやることを自己決意したM君だったが，登校後に息切れして退却することもありうると予想された。ところがM君は，疲れを訴えたり，時には休むこともあったが，元気に学校生活を送り成績も優秀で進級するにいたったのである。

　秋（11月）に母親から一通の手紙が届いた。「放課後に級友達とサッカーをして，汚れたジャージを『洗っといてくれ』と手渡されたとき，これが母親の喜びなんだなとしみじみと味わった」と書かれていた。そして「今のところ元気で学校生活を送っているが，この先何が起ころうと最後まで見守っていきたい」と結んであった。M君は高校を無事卒業して，一年浪人した後で有名大学に進学していった。

3. 考　察

3-1. 本事例における思春期妄想症の位置づけ
　思春期妄想症の臨床的特徴として，①忌避妄想，②洞察の乏しさ，③状況依存性，④単一症候的経過，⑤思春期発症が指摘されている（村上，1976）。本例は，これらの5つの特徴をほぼ備えており，診断的には思春期妄想症（自己臭妄想）である。本例の自己臭は軽快したものの完全に消失したわけではなく，今後の経過をフォローアップしていく必要がある。

3-2. 治療過程のまとめとM君の変化および治癒機転
　治療過程を各期ごとにまとめると，次のようになる。
　第Ⅰ期：これまでの思春期のClと異なり，Thは手ごわい感じを受ける。治療への意欲が弱く，沈黙がちなClにとっかかりをつくろうとする。沈黙がThに次第に苦痛になり，Clから話を引き出そうとしがちであった。過去の内容（生活歴や臭い）を話すことが多いが，Thはあたかもいま，ここで再体験するように感情に応答するように努めた。治療面接を行うと同時にClとの卓球と親との面接を始める。この時期は，Th自身がClの臭いや沈黙にまだとらわれているところがあった。
　第Ⅱ期：Clがかかえる問題の深刻さがわかり，Clの沈黙が認められるようになるTh。Clのあるがままを許容しようとした。同時にThの体験過程やClとの間で生じる現象に対峙・吟味しようとした。"いま，ここ"での発言や否定的感情が自発的に表明されて，Clに自己探究する態度が出てくる。
　第Ⅲ期：自己探究が進まないClに，はからずもThの怒りの感情をぶつける。体験過程に基づく，やむにやまれぬ真実の感情であった。「何から手をつけたらいいかわからない」という重い表明に，とことんClのペースで付き合うことを決意したThである。Thとの対決，サッカーの夢および来談拒否（親との対決）は，Clの成長ぶりを示すものであったが，Thとの治療関係が試された時期ともいえる。
　第Ⅳ期：Clは自己を肯定的に捉え出し，1人でやっていくという自己決意を

表明した。自己臭を自己課題として引き受ける主体性が育ってくる。Thも無駄な発言をしなくなり沈黙の深みや豊かさを味わうようになる。そうした中でClの体験過程に基づく自己表現は増えていった。

　M君の内的成長は，治療面接の中で自己探究や気づきとして望むほどには現れなかった。しかし現実場面での態度や行動は，次のように着実に変容していったと考えられる。

　来談当時のM君は自己臭にとらわれ，テレビ，プラモデル，小説以外はゴロゴロしていた。9月に入り，数学の学習指導を受けるために父親に送り迎えされる。第Ⅱ期になると，散髪や自室・風呂の掃除という自発的行動が出てくる。家族とうちとけ出し，自室に入れたり嫌な話題にも乗ってくる。英語の学習指導も受け出し，父親との待ち合わせ地点まで歩き，徒歩で1人で帰るようになる。父親とのキャッチボールを道路に出てやり，近所の人にもあいさつをする。第Ⅲ期に入り，父親が「こんなことをしていて後でつまらん無駄な一年だったと思うときがくるぞ」と口を滑らせたら，「そんなことない。貴重な一年だったと思うわ」と言い返せた。深夜に1人で自動販売機までジュースを買いに行けた。学校や教育関係のことに関心を見出す。母親にもいくらか思いやりをみせる。この第Ⅲ期でM君はThや両親と対決した。Thとの対決（8回目）で引き下がらずに自己表明できたM君の内的成長ぶりは，サッカーの夢（9回目）において失点の挽回を意気込む積極的な姿勢としても表れている。家族との対決において，それまで気持ちを抑えていた両親は本音をM君にぶつけた。M君はその場を逃げずに対峙し，親との来談を拒否するという形で対決できたのである。両親もこの対決によって体臭や学校のことを「言い納め」にすることができたのである。M君がThや両親と対決できたことが，治癒機転になったと考えられる。第Ⅳ期になりM君の態度や行動は，さらに好転する。正月にいとこたちとのマージャンに加わり，ずっと一緒に過ごす。家族との初詣でもあまり人を気にしなかった。歯科医に通い始め，父親の手伝いも断る。親との内緒話も「4月になれば大きな声で話す」と言う。病院で休学用の診察を受け，「いいふうに見られないと4月から学校に行けないから」と，声を出してはっきり話す。母親が椎間板ヘルニアになったとき，まっ先に心配する。大学入試問題をやってみたり，登校に必要な準備をする。父親とはふつう

の声で話すようになり,人前でも気にせず悠然としている。すべてが4月から登校することを自己決意しての行動である。

このようにM君は,自己への自信を深めて対人面・行動面でも積極的,意欲的になってきた。そのことはM君ただ1人の成長にとどまらず,家庭内の人間関係の歪みを家族に考えさせ,家族の成長をも促しえたのである。次のようなエピソードが,そのことを物語っていると思われる。

父親が,食事中に「親子の考え方をお前に教わったみたいだな。お前がああならんかったら,本当にわが家はどうなったかわからんな」と,フッともらした。母親は,「本当にそうねえ。貴重な一年だったからねえ」と添えた。M君は,ニヤッとした顔で聞いていたという。

3-3. M君との治療活動の意義と問題点

M君との治療活動として治療面接のほかにM君との卓球と親との面接を導入した。

M君との卓球は,2回目から始めたが,M君もThも熱中して取り組んだ。少なくとも面接初期においてM君がThとの関係の中で,自発的に生き生きと動けたのは,この卓球を楽しむ体験である。M君は新しいピンポン球を自ら一箱用意してきたとき(3回目)もあり,母親はM君が卓球を楽しみにしていると語っている。治療意欲が弱いM君の来談への動機づけの一助をなしていたと思われる。しかしそれ以上の積極的意義を考えてみたい。

自己臭妄想に悩むM君にとって,「それまで何とはなしに所有されていた身体」は,臭気を発する「異様なもの」として立ち現れたと考えられる(木村,1978)。M君は,対人面と身体面において自己との親密感の欠如を体験していた。自己との親密感が,Thと卓球を楽しむという対人的・身体運動的体験を通して獲得され,本来自己とは異質の存在性格をもつ「身体」を改めて「所有」し直すことを促進させたのではないか。言語的かかわりのみではなく,青年期の年代に特有の「非言語的かかわり」,とりわけ「身体運動的かかわり」は,意義があったと考えられる。

3回目から親との面接を始めたのは,母親自身が援助を望んだことと,これまでの経過や家族関係などの情報も欲しかったことがあげられる。親との面接

は，つぎの点で意義があった。(1) 家族内の雰囲気や対人的コミュニケーションに問題があり，M君の援助だけでは不十分であることが面接初期でつかめたこと，(2) 母親との面接がうまく展開して，母親は偽りの自己から解放されて真実の自己を取り戻した。その結果，親がM君や家族の理解を深めたことがM君への側面援助になったと考えられる。青年期のクライアントをかかえた家族への援助と同時に，家族の理解と協力を得るためにも家族との面接を適切な時機に導入することは有意義であったと考える。

約7か月にわたる治療面接は，原則として隔週として始められた。途中で，回数を増やして会いたいと2回誘ってみたが，いずれも拒否されて断念している。Thは，いまひとつしっかりと組めないはがゆさを感じていたが，現状ではいたしかたなかった。合計13回の治療面接においてM君が，独力でやっていくことを自己決意したことは意義があった。しかしM君自身が自己探究や自己対決に立ち向かうことからすると，卓球や親との面接を治療活動に含めたことは，かえって治療状況をあいまいにしたことも考えられる。その意味ではM君にとってセラピストの存在は，援助的人間関係の質からすれば「内的な旅路の同行者」というよりも「斜めの関係にある兄貴的存在」であったと評価される。

4. まとめ

M君が臭いにとらわれていたようにThは，最初M君の自己臭や沈黙にとらわれてセラピストとしての態度を見失いかけた。しかし沈黙の内的意味や双方の体験過程への注目が進むとともにセラピスト側の純粋な自己感情表現という問題に直面した。治療への動機づけの弱さ，沈黙，自己探究の乏しさなどによって特色づけられるM君との取り組みは，筆者のパーソンセンタード／体験過程療法をさらに深化させる経験となったのである（Mearns & Thorne, 1988；伊藤, 2002, 2005 など）。

文　献

Gendlin, E. T.　1961　Experiencing : A variable in the process of therapeutic change. *American Journal of Psychotherapy*, **15**, 233-245.

Gendlin, E. T.　1962　*Experiencing and the creation of meaning.* Glencoe, Ill : The Free Press.（筒井健雄訳　1993　体験過程と意味の創造　ぶっく東京）

Gendlin, E. T.　1973　Experiential psychotherapy. In R. Corsini (Ed.), *Current psychotherapies.* F. E. Peacock Publishers Co. pp.317-352.

Greenberg, L. S., Watson, J. C. & Lietaer, G. (Eds.)　1998　*Handbook of experiential psychotherapy.* New York : The Guilford Press.

Hart, J. T.　1961　The evolution of client-centered psychotherapy. *The Psychiatric Institute Bulletin*, **1** (2), University of Wisconsin.

伊藤義美編　2002　フォーカシングの実践と研究　ナカニシヤ出版

伊藤義美編　2005　フォーカシングの展開　ナカニシヤ出版

木村　敏　1978　思春期病理における自己と身体　中井久夫・山中康裕編　思春期の精神病理と治療　岩崎学術出版社　pp.321-341.

Mahrer, A. R.　1996　*The complete guide to experiential psychotherapy.* New York : Wiley.

Mearns, D. & Thorne, B.　1988　*Person-centred counselling in action.* Sage Publications.（伊藤義美訳　2000　パーソンセンタード／カウンセリング　ナカニシヤ出版）

村上靖彦　1976　思春期妄想症について　笠原　嘉・清水将之・伊藤克彦編　青年の精神病理　弘文堂　pp.135-176

Rogers, C. R.　1951　*Client-centered therapy : Its current practice, implications and theory.* Boston : Houghton Mifflin.

2

現象学的・人間学的サイコセラピーのケース：あるエンジニアにおける超越

池田豊應

1. はじめに

　本章のタイトルに冠された「現象学的人間学的サイコセラピー」という用語について，はじめに若干触れておきたい。現象学や人間学といった用語は哲学や精神医学において様々な用いられ方をしてきているが，だいたいはフッサールの影響のもとに，人間が他者とともに世界のうちにあることを主題とするという点で基本的には同様の立場にある。ちなみに，私自身の立場は「人間学的心理学（池田，2001）」と称している。

　「現象学的人間学的サイコセラピー」というと，「現象学的」および「人間学的」なそれという意味にもとれるが，狭くは「現象学的人間学」的なそれということである。しかしいずれにしても，これらの立場に本書のほかの各章の多くと同じ次元で並ぶような，独自の心理療法論や独特な技法システムがあるわけではない。これまでにも述べてきた（池田，1984，2001）ように，人間学とはそのような技法の次元を根底から支える人間理解，人間観にかかわるものであって，具体的な接近法自体はどのような形態でもありうるのである。実際，私自身は基本的には今回の事例のように個人面接の形態を取っているが，同時に同じ人間理解に基づいて「ヨコ体験グループ」などのグループ・アプローチをも行ってきている（池田，2004，2006a）。この人間理解の視点は，大体においていわゆる「人間性心理学」のそれと異なるものではなく，私の実践の姿勢もパーソンセンタード・アプローチなどとの大きな違いはない。

この立場での根底的に相手を1人の人間として尊重し，大事にするという態度は，むしろ臨床行為全般に要請される基本姿勢である。それゆえ，あえてこの立場の独自性に固執するものではないが，それでも「現象学的人間学的」と標榜するからには，やはりそれなりの特徴といいうるものをあげておかねばならないであろう。

　まず，「現象学的人間学」という用語はビンスヴァンガー，L.（1947，1957）によるものであり，その正統な弟子たるブランケンブルク，W.（1971）の分裂病論や，わが国の木村敏（2001）の現象学的自己論も同じ立場にある。本章の事例では，後半にいわゆる超越的な話題が展開されているが，このような超越の問題をユングや最晩年のロジャーズのように（フロイトも実際にはその傾向があったと聞くけれども）いわゆる神秘主義的な方向で受け止めるのではなく，「自己」が自己として成立することの一面として理解しようとしている。このような「自己」とは，いつもすでに他者と同じ世界とのかかわりのうちにある人間の1つの重要な主題である。

　第2に，臨床において現象学的に見るということは，「今」ここに，立ち現れてきている相手の姿それ自体にいわゆる「本質」をみようとすることであり，その背後や過去に隠された真実を想定し，それを暴き出そうとしたり，構築された仮説や概念から説明しようとする姿勢とは無縁であるということである。

　そして，そのような「今」を現出させている「時間」の本態は，「時熟」（Zeitigung）すなわち時がたつということ，のうちにある。存在は時間であり，人間存在にとって重要なのは「人生の生成」，「人間的成熟」である。かくして人間学のもう1つの重要な主題は，「時間性」ということになる。

　なお，ここではサイコセラピーという用語は心理療法やカウンセリングと特に区別することなく用いている。以上要するに，現象学的人間学の立場での心理療法とは，現象学的な方法で，世界がそこに現出する場であるという人間観により，人生の生成を支援することであるとまとめることができる。

　本章は事例の紹介が主眼であるから，これ以上，予備的検討に立ち入る余裕はないので，それについては優れた解説（加藤，1999など）に譲り，早速，事例をもって語らせるべく，事例の叙述に入ることにしよう。なお，事例のモデルご本人には以下の内容について校閲，了承をいただいている。

2. 面接過程

2-1. 導入期

　ある年の11月，私は「引きこもり」を主訴とする青年の母親と会うことになった。この母親は，1週間前に夫とともに来所し，受理面接を受けていた。そこで得られていた情報はおおむね次の通りであった。

　彼女は50歳の主婦。夫は56歳の会社員。当の青年は21歳の長男。その妹は17歳の高校生。他には妻の母親（79歳）が近所に住んでいる。

　長男は中学入学後，学校を休みはじめ，2年生以降は完全に不登校になった。小学校のころ，いじめられたため同年齢の子とは話せない。その鬱憤を母親にぶつけ「どうして産んだ，みんな親が悪い」といってひどい暴力をふるった。彼はこのときから断続的に精神科に通院し服薬している。17歳時には予備校に入学したものの，ほとんど行けなかった。現在は専門学校に在籍しているが最近はまた休みがちで，親として対応に悩んでいる。彼女も数年前から情緒不安定で悲観的になりやすく，精神科にかかっている。昨年末には子宮と卵巣の摘出手術を受けた。

　私と会うと，穏やかな奥様風の母親は抑えた口調で息子の問題について語った。

　「うちの子は主人がいないときに私に八つ当たりするのです。主人に言うと主人を殺すというので，主人には何も話せませんでした。髪の毛が薄いことばかり悩んでいます。最近は不登校だった7年間を埋めたいという焦りがひどく，生きていたくない，生きてても仕方がないと言われると，私のほうがオロオロしてしまって，私も更年期障害で睡眠薬をいただいてますので……」

　面接の終盤，今後の見通しを示す中で，私はそのような不登校や引きこもり等の青年期危機状態は，基本的に社会に出て行く，いわゆる男性原理の問題であることに触れた。そこから夫のことが話題になった。彼は大学院修了のエンジニアで，昨年，55歳の定年で前の会社から今の子会社に移って以来，仕事も楽になり，ようやく人の気持ちを考えてくれるようになったが，それまでは怒りっぽくて妻にも子にも暴力をふるうので，近寄れなかった。しかし，長男

の進んだ専門学校は，父親の専門技術と無関係ではなかった。

彼女のカウンセリングは隔週で継続されることとなり，次の面接では主に長男の問題が語られ，年末の3回目の面接，および年が明けた4回目の面接では，夫への不満が涙ながらに訴えられた。

「夫婦仲はよくありません。夫は気に入らないと蹴ったり叩いたりするので，私も息子も怖くて仕方がない。私の母に暴力をふるおうとしたこともあります。どこに行っても必ず何かで爆発するので，一緒には行きたくない。暴力をふるうこと自体が信じられません。息子の問題はそこにあるのに，みんなお前のせいだというばかりで……」

5回目の面接では，夫の変化が話題になった。

「それでも，主人は大分変わりました。手術のあと，私が思いの丈を全部ぶつけたのです。それからは手も上げず，言うことを聞いてくれるようになりました。息子も話しやすくなったようです。主人は先生のご本を読ませていただいたのですが，それでまた変わりました。息子も前はすぐにカリカリして目がつり上がったり，わがまま放題で朝も起きられなかったのが，最近はわりに普通になってきました」

2-2. 第Ⅰ期

次の2月中旬の面接には，その夫が現れた。妻の具合がよくないため，代わりに来たのだった。彼はスマートな体型でやや神経質そうながら，愛想よく語った。知性化された話し方ではあったが，暴力亭主には見えなかった。

「息子は留年にならなくて済み，わりに元気にしています。女房は先生のお話で男が社会に出ていくのは大変なんだということが少し分かったようです。しかし女房は体調が悪くて暗い。そのことで息子が文句をいうので女房が泣き出し，息子がさらにセンシティブになる。お互いにテレパシーで乗り移り合っている。2人はまだ臍の緒がつながってます。2人とも自立できていない」

私は「それを切ることがご主人の役目でしょうね。奥さんも本当はもっとご主人に頼りたいのでしょうから，それをちゃんと受け止めることと，息子さんとは世間とか社会とか人生とか色々話し合っていけたらいいですね」というようなことを話した。彼は続けた。

「実は，僕が息子と話せるようになったのは2年半前からなんです。女房が息子には何も言ってくれるな，言うと家庭内暴力がひどくなるからというので，僕は話せなかった。それで5年が過ぎた。やっぱりこれではいかんと思いまして，本人が落ち込んでいるときに思い切って声をかけた。息子は涙を流した。それが2年半前のことです。今度，3月に1週間ばかり，息子とアメリカ旅行に出かけます。

女房は息子を小さいときから本当に大事に大事に育てた。僕はそこに入ることを撥ねつけられた。諦めて見ているだけでした。それでも小学校2年のとき，少年野球のチームに入れて，僕もコーチになって一緒にやった。異常に大人しくて引っ込み思案だったから，彼を人の前に出そうとして僕は怒った。それはまったく逆効果でした。アメリカ旅行はそんなことになってはいかんと思ってます」

次の3月半ばも，まだ妻の体調は回復せず，面接は取り消された。しばらくして行われた6月上旬の面接には，やはり夫が訪れた。

「3月末にアメリカへ息子と行って来ました。楽しい旅行でした。息子は4月以降，学校には一応行けてますが，まだ本調子ではない。髪の毛が気になることは女房だけに言う。それを言うと，女房は"私が悪いの？"と言い出し，険悪な雰囲気になった。そういうところは息子の調子の悪いときと同じで，体も心も弱い。この間も僕が何もしないといって怒り出した。僕はつい"君は未熟だ"と言ってしまった。子どもたちがいたので，女房を車で連れ出し，夜中まで話し合った。大体，僕が楽しくしていると怒り出す。何か蓄積した怒りがある。過去の何かに引っかかっている。それがなくなればと思って，去年の11月にここに連れて来た。しかしどうしても続けられない。結局は閉塞状態になって，いろんな問題を起こす。息子は過保護のせいで一人前の男になることができなかった。女房は物凄い世話焼きで手や口を出しすぎる，息子はそのオーラに支配されてしまった。女房とお義母さんが連合軍になって，僕は入れなかった。この前，先生は僕に臍の緒を切れと言われたが，それが難しい。僕がもうひとつやれない。それは僕の問題です。この前，息子は30歳にはバリバリの男になるからねといいました。僕はもっと早くと言ってしまった」

以後は，夫自身を対象とする面接を隔週で行うことが約束された。

2月の面接以降，10月中旬の12回面接までの面接を「第Ⅰ期」として期分けしうるが，この間の主な内容は，妻と息子をめぐる家庭内の出来事についてであった。毎回の面接は，彼が手帳を取り出し「この2週間も色々ありました」と語り出すことから始まった。妻に関しては「頑固でこだわりが強い，世界が狭く社会性がない，母系家族で，女の世界を築き男を排除した，今も母親と犬に依存している，好き嫌いだけで理性がない」と嘆き，息子については「山あり谷ありで一進一退，自信がもてず不安が強い，アルバイトも車の免許も，言うだけで踏み出せない，無気力で現実感がない，どうすればいいのか」と困惑していた。娘には安心していられる。彼女は高校生生活や部活を楽しみながら，妻には調子を合わせて支えになっている。ちゃんと自分の考えをもっていて精神的に自立できている。

2人の結婚の経緯は次のようであった。「33歳のときの見合いです。付き合ったのは3か月ほどで，すぐに結婚しました。僕は女性に不慣れなんです。女の人と接する機会もなくて，女性を見抜くようなことはできなかったですね。この間も女房が何で私と結婚したのというのでつい，女を見る目がなかったんだよと言ってしまいました」

約8か月にわたったこの期は，詳細に記載こそしないが，実際のところ，深刻な出来事の連続であった。彼はそれらを冷ややかに対象化して対処しようとしていたが，ほとんど出口は見えなかった。私は毎回，その苦渋，愚痴や嘆きを受け止めつつ，妻に関しては「主婦というのは大体そんなものだから，そこは十分に受けとめて，いたわるように」と言い，子どもに関しては父親が本音で真剣に相手をすることの意義を強調し，結婚生活は人間修養の場であるといって彼を支持する応答をした。

2-3. 第Ⅱ期

第Ⅱ期は，10月下旬の第13回面接から翌年3月上旬の第20回面接までの約5か月間である。この時期は，多少の波風はあっても全般に，妻と息子は平穏な状態が続いていた。息子は臨時の公的な仕事に応募して採用されたが，その研修の2日目に挫折した。しかし，その後，何とか自動車学校に通って，ついには運転免許を取得したり，学校で男女の友だちができたりしていた。息子は

母親から離れようとし，社会の一般的常識がわかってきたという。「それでもまだ精神的には高校2年生程度です。高3の娘よりも幼い」

 第13回面接で，家庭内の出来事をひとしきり語ったあと，彼は自身の来し方を振り返った。これが初めてのことであった。

「僕自身，自分の人生を切り開いてきたんだなあと最近よく思うんです。まさに技術屋人生でした。高校時代は勉強もできなくて，ほとんど最下位でした。それが高3のとき偶然，新聞の小さな記事が目にとまって，希望の学科が思わぬ大学にあることを知った。この学科は大変な難関なので諦めていたから，そこに進めたのは本当にラッキーでした。もしあのとき新聞を見てなかったら，その後の人生は完全にありえませんでした。修士を終えたときもやはり偶然が重なって，希望の会社に入ることができ，それから30年，左遷されたり戻されたり色々ありましたが，ずっとこの道一筋でやってくることができました。これ以外には，どんな人生になっていたのか想像もつきません。そういう点で，息子はどう生きていったらいいのか。親としてどうかかわっていったらいいのか。単純に僕のことを言っても，彼には過大な要求だと思う」

 2月上旬の面接では，60歳の定年後には，教師になることと本を書くことが夢だといい，妻の人生は家系的に宿命的な男への抵抗というこだわりに支配されているといった。義父が可哀相なほど，義母の義父への敵意は強かった。それが妻と義母の同盟関係を生み，息子への過保護となった。それはまた彼に対する不機嫌さと一体となった疲れやすさとしてあらわれている。この彼の解釈はおそらく正鵠を得たものであろう。

 彼は現代の先端的重工業部門で基本設計を担当してきていた。現役時代，部下はつねに百人もいたという。

「僕は中学のときから，これをやりたいと思っていました。実際やってくることができて，よくぞこれまでと思います。夢のようですね。同期入社20人のうちでも，これをやれたのは僕1人ですし，今だにやっているのも僕1人です。こうやって仕事をやってこられたのだから，家庭のことは仕方がないかと思います。女房には手詰まり感が強い。娘は何とかなるだろうけど，息子は重症ですよね。まあ何とか人に迷惑かけずに生活できる程度になれないか。以前，小児麻痺のお子さんを見て，親御さんは大変だなと思いました。そして俺も同

じだなと思った。息子はあの仕事，研修の2日目に辞めましたね。悲しかったです。やっぱり重い心の病気ですね。息子も小児麻痺で歩けなくなったのだと思うようにしようと思いました。そう思えば，この正月も平和に過ごせました。家庭に陽が当たらないのは辛いですが，自分は好きなことをしてこられたんだから，まあしようがないなと思って。息子が不登校になったときには，とてもそんな風には思えませんでした。第一，理解ができませんでしたから。

しかし，家庭は平穏になっても，それだけでは本当の春は来ない。息子にはやっぱり色々指導していかないといけない。それをどうしたらいいのか，そこを先生に教えていただきたいと思っています。女房のほうは何とも御し難い。先生はいたわれと言われますが，これでも大部いたわっとるんですよ」

次の2月下旬に行われた19回面接では，娘が高校を卒業して大学の入学式までの間，アルバイトをする，しかしそのために，なかなかアルバイトに出られない息子の調子が悪い，どうしたらいいか先生に訊いてきてほしいと妻と娘から言われてきたという。息子は娘に劣等感をもっている。以前にはバットを持って娘を追いかけたこともある。彼は壊れてしまうのではないか。世間で時折あるような事件を起こしてしまわないか。

私が「娘さんはアルバイトしたらよいし，彼には，しかし妹に刺激されて焦る必要はない，これで専門学校は卒業できそうだし，自動車の免許も取れた，自分なりのペースで進んでいけば，そのうち次の一歩も踏み出せるだろうから，いつも応援しているんだよ，というように今，心配されていることをそのまま口に出して率直にお話しになることが大事だと思う」というと，彼は「僕もそう思います。言いますわ。これは父親の仕事と思う。これは僕しか言えない。早めに言いますわ」と答えた。「先生の言われる親の失敗談を語れというのも，この前，大部やりましたよ。左遷されたり，失敗の連続で味わったどん底のことを話しました。息子はアルバイトが怖いんですね。本当に怖くて気楽にやれない」

2週間後の次の面接では，その長男がアルバイトを始めたことが報告された。

またひと波瀾があり，妻が「先生になぜ私のことを相談するの，子どものことで行っているんでしょ」と言ったのに対して，彼は「これは家族全体の問題

なんだ，そして僕の問題なのだ」と答えた．妻はこれまで過保護については認めようとはせず，「不登校はいじめられたのが原因で級友が悪い，担任の対応がいけなかった，今はもう学歴の時代ではない」とばかり言っていたが，このときはそれを言わなかった．娘が参加してきて彼に"過保護にさせたのは誰なのよ"というので，彼は黙ったという．

こうしてこの第Ⅱ期は，彼がその半生を振り返ると同時に，現実を受容して，家族の問題を自らのこととして分有し，積極的に父親の役割を自覚し引き受けていこうとするようになった段階であった．

2-4. 第Ⅲ期

2週間後，3月下旬の第21回面接は，この第Ⅲ期への転調を画すものとなった．この日，まあ順調だと家族のことを述べた後，彼は次のように語った．

「一番重いのは自分自身のことですね．ちょっと疲れ気味です．僕は前の会社の定年で今の会社に移って，出向でまた前の会社に勤めていますが，今のチームの中で一番年上です．若い人たちに交じって働けるのは嬉しいけど，何か気持が乗ってない．

最近，大事なのは"何とかなる"という"プラス思考"だと気がつきました．僕は若いときからそれで来たのだと再確認できたんです．3年前の女房の手術のとき，僕は病院中付いて回って世話をしました．その最中に私の母親が亡くなって葬式を出し，資格試験もありましたし，定年後の就職先は決まってなかった．それらを1つずつ乗り切ってきたんです．再就職には数人の部長が動いてくれ，今もこうして現役のエンジニアでいられるなんて幸せですね．それとやはりあの大学進学のこと．新聞の小さな活字が目に入って，お，こんなところがあったのかと思わず自分の目を疑った．そこからずっと技術屋人生を歩めて，本当に有り難いことです．神さんが導いてくれたとしか思えない．奇跡ですよね．そういうプラスファクターは万人に与えられている．だけど，ほとんどの人は気づいていない．"積極思考"の本には，孤児の黒人少女が医師に憧れて実際になった話とか色々書いてありますが，僕自身がまさにそれだと思います．

しかし，いささか疲れがあるんです．この疲れを解決して，どう乗り越えて

いったらいいのか。息子と娘は何とかなるとして，あとは女房ですね。昨日，会社の懇親会で，先輩と話したんです。"この半月，家内と外国に行っていた，いつも一緒なんだよ"と聞いて，いいなと思いました。せめて5年後には女房と海外旅行に行けないか。去年，永年勤続賞で息子とアメリカに行ったときも，本当は女房と行きたかった。旅行に行くのは普通の元気さですよね。それができない。若いときからそうでした。新婚時代，海外に転勤したとき，女房はアパートにいるだけだから，どこかに連れ出してやろうとしたら，怒った。そういう食い違いがあって，なかなか僕に付いて来られない。根が深くて体力だけではなく心が関係している。男に付いていくのは嫌だという抵抗がある。

　今日は自分自身の話をしようと思ったんです。娘はこれから大学ですから，僕もまだ働かないといけない。そのためには心が元気でないといけない。この間，新しい技術の資格を取りました。努力はしているんです。ですが，ちょっと手詰まり感がある。こういうときに神さんを信ずることが大事ですね。例の本には潜在意識に言い聞かせると，その呼びかけに宇宙が応えてくれるという。僕もそう思います」

　長男のアルバイトは必ずしもスムースに行けたわけではなかった。それを嘆きながらも，彼は次の第22回面接で次のように述べた。

「この前ニュウ・ソートの本を読み返していたら，この本は以前，息子にもプレゼントしてあったのですが，ちょうど息子もその本を読んでいて，それに勇気づけられるといったのでびっくりしました。"信念があれば，未知の世界も冒険と活力に満ちたものになる"という言葉があって，"アルバイトも専門学校も未知の冒険だからね"といった話がじっくりできるようになった。先生の言われる男の原理がわかりつつある。世間を知らなさすぎるけど，彼は人間としていい男だと思います。その意味で女房を超えています。

　女房は自己回復力が弱すぎる。自分で解決する努力をしない。考え方は大分大人にはなりましたが，僕が望む戦友にはまだなってはいない。体の調子が悪くて病院でいろんな検査はしていますが，異常は見つからない。女房にも本を読んでほしいと思って渡したら，目が回るといって突き返された。なかなか乗ってこないので，どうにもしっかりとつなぎ止めることができない。むかし本社に単身赴任したときも，僕の下宿に一回も来なかった。そのくせ，物凄い心

配性で，以前，僕が帰りに飲み屋に寄ったとき，女房は僕が帰らないので，倒れたと思って大騒ぎして，喪服まで用意したくらいですからね。

娘は元気に大学生生活を送っています。彼女が喋っていると食卓にも花がある。社会を見る目が身に着いていて，友だちや先生ともうまくやっている」

その後も大体このような感じで，全般に経過は順調であった。5月下旬の第25回面接では「人生の目標をはっきりさせました。60歳の定年までには，やはり専門技術の教師になりたい」と述べた。

この時期，彼は自分自身の内面に目を向け，行き詰まり感を覚えつつ，来し方の幸運を確認し「積極思考」で将来を探り，また息子に希望を託そうとしていた。

2-5. 第 Ⅳ 期

この期は，6月上旬の第26回面接から翌年1月上旬の第34回面接までとすることができる。26回面接では「定年後にむけて動き始めました。前の定年時には時機を失したので，今回は早めに人事に希望を出したんです。今，僕は念じています。積極思考の法則は宇宙に祈ること，潜在意識が宇宙意識に通じる，それは神秘主義ではなくて科学だという。僕には何回も挫折と成功，紆余曲折がありました。例の大学進学のときの奇跡のようなことが，ほかにも何回もありました。今度のこともきっとうまくいくだろうと思っています」といい，6月下旬の面接では次のように述べた。

「先週，本社の部会で講師を務めたのですが，話の中で僕の人生の目標についても触れたら，帰りに会長からその夢を実現するための作戦会議をしようと飲みに誘われました。本当に有り難かった。人生は遥かですよね。でも信じてないといけない。

自分の人生に感謝しています。まずは両親に，教育を授けてくれて大学院まで行かせてくれた。またそのあとの運の巡り合わせがすごい。山あり谷ありで，その都度這い上がってこられた。諦めずにやっていれば回復できる。宇宙の力，神の力を信じます。あらゆるものに感謝です。息子や娘，女房にもです。女房もだいぶよくなってきました。こうやって相談させていただいて，色々考えて，それがだんだんと実を結んできました。先生と話させてもらうことで，ものを

見る目が充実してきました」

　夏休みに彼は1人で関西の神社に出かけ，お百度参りをして，祈祷してもらった。小さい頃，彼は体が弱かったので，母親がそこによく願掛けをしてくれたものだった。息子が不登校になったとき，彼もそうした。それはもう2, 30回にもなる。「あそこは特別，霊験あらたかです。渦が巻いて天にまで続いている。夢の実現に向けては，自分なりに努力しました。あとは一心に祈るのみです。会社の行き帰りに毎日，神宮に祈っています。神宮の杜は真っ暗で霊気が漂ってますね」といい，彼はまたその半生を振り返るのだった。

　8月中旬の面接では，こう述べている。

　「この10年，僕自身は充実していました。大きな財産を得ることのできた10年でした。心の財産です。家庭は破綻しましたが，なんとかここまで来られた。この10年，一生懸命にやってきて，両親も亡くなり，お墓を建てて，ここに根を下ろした。あとは60歳以降の第二の人生です。努力を続けていれば，息子も僕の背中を見てるだろう。女房もいつの間にか僕の希望を受け入れているようです。息子には人生のことを伝えたいと思って，話し合っています。本人も応えようとしています。彼の回復を待ってるだけではなく，人生を積極的に教えていかなくてはいけない。

　先日，お寺の盆施餓鬼があって，両親の冥福や家族の健康を祈っていたら，床が揺れたんです。地震かと思ったんですが，これは聞き届けられたのだなと思った。今までもこうして技術屋になれて少年の夢が叶ったり，色々聞き届けられてきたから，今後も聞き届けられるだろうと思います」

　9月上旬の第30回面接は，次のようであった。

　「例の本には，祈りとは神に任せることだ，祈れば宇宙が必ず実現してくれるとある。別の著者も祈りによって宇宙の力と合体できる，宇宙の無限の原動力と繋がることができるという。僕の命は宇宙の命ですよね。木も虫も風も人間も皆，宇宙の生命です。それが自分に流れている。だから僕は皆と一緒にいる。宇宙の中で孤独ではない。神様がわれわれを守っていてくれる。それで祈っているんです。両親にも祈っています。母親の死に目には会えませんでしたが，この辺にいるような気がして，特に聞いてくれるような気がします。僕は長男なのに一緒に暮らせなくて，申し訳なく思っていました。女房があの調子

ですから，僕の想いの十分の一もできなかった。20年くらい前から毎晩電話を掛けるようにしました。毎日1，2分でも声が聞けると安心でした。父親は電話に出なかったから，相手はいつも母親でした。宇宙生命の考え方からすれば，死後の世界もありうる気がします。母が亡くなったのは3年前の12月下旬で，このとき僕は定年後の行き先がなくて困ってました。社内でも皆，心配してくれてましたが，なかなかうまくいかなかった。それが1月になって急に決まった。母が助けてくれたのだと思えます」

10月上旬の面接では次のように述べられている。

「祈るだけではなく，感謝することと謙虚に心を尽くして信じることが大事ですね。あの本は読めば読むほどすごい。ある人が破産してさまよっていた街に雪が降り始めた。彼はその雪に神の愛と恵みを確信し，神の激励に感謝した。その後また富が入ってきた。リンドバーグの大西洋初横断の飛行機には白い亡霊が乗っていて，彼を導いてくれていた。実は，僕が小学校のとき，初めて買ってもらった本が『翼よ，あれがパリの灯だ』だったんです。それが今の技術屋になろうと思った夢の原点でした。

全体的には幸せなほうに行っていると思います。先回，先生が言われたように，こういう宗教性って大事ですね。僕はエンジニアですから，若い頃はそんなこと思ってもみませんでしたが，今ではそれが僕にとって一番大事だと思います。先日も娘と外出して，すごく幸せでした。10年前は本当に苦労してました。息子は家庭内暴力でひどく荒れていて，女房は混乱し，娘が哀れでした。娘はそのころ欲しがっていたゲームのソフトを買ってやったときのことをよく覚えていて，その小学3年生だった娘が大学生になった。10年たって，ここまで来たんだと感慨深いものがあります。

ここにきて，あのときの大変さが改めて認識できます。去年はまだ息子はバットを持って娘を追いかけたりしてましたが，今年はいいです。アルバイトが効いている。先生の言われるヨコ方向ですね。しっかりしたヨコ糸が編まれています。アルバイトは苦労もあると思うけど，今の息子には一途さがある。女房はまだときどき不調になります。先日も大変なことになりました。僕が反論したのがよくなかったんです。女房には僕への感謝の念は全然ない。でも，僕も女房に対する感謝の念に欠けている。彼女は家事を一生懸命やっている。僕

から見れば，手落ちもある。やりすぎて疲れて，僕に当たってくる。だけど僕ももっと女房に感謝しないといけない。そう思っていたときに，その事件が起こった。わかっていながら，なかなかできない。僕も未熟です。もう少しうまくやれないものかと情けなくて，夜中でしたけど，飲みに出かけました。帰ったのは明け方でした」

その後特に大きな変化はなく，専門学校や大学の話があって応募したり，ご破算になったりしていた。転職はなかなか難しかった。年が明けた1月上旬の面接では「久しぶりに平和な正月でした」と述べられた。

この第Ⅳ期は，彼が以前のテーマをさらに進展させて，自身の過去を統合し，外に向けて積極的に活動しながらより内面化を深め，また超越的次元により開かれていったことによって特徴づけられる。

2-6. 終 結 期

2月上旬の第35回面接は「このひと月に劇的変化がありました。教員の話が決まったんです」といって始められた。以前から応募していた地方の大学であった。「連絡があったのは，この前ご相談に来た翌日でした。面接にも行って本決まりです。3月からの赴任で，こっちの調整中です。技術屋としての僕の経験を若い人たちに伝え，夢を広げたいと思って努力したことが報われました。宇宙の力，神の導きを感じます。社会への恩返しをしようと思っています。今まではビジネスだけで精一杯で，そんな余裕はありませんでした。女房に，とりあえず単身で行くけど，来られるようになったら，おいでねといったら，嬉しそうに行くよと言ってました。しかし実際には難しいと思う。心配なのは，僕がいなくて，息子は女ばかりの家庭で男になれるだろうかということです」

私が「大丈夫ですよ，息子さんのそこへの進学も考えられますね」というと，彼は「縁はあります，言ってみます」と答えた。

定期的な面接はこの回をもって終わることとし，あとは必要があればその都度，連絡をもらうことになった。

その後，連絡があり，10月半ばに第36回面接を行うことができた。

「3月赴任で慌しく，前期は戦闘状態でした。授業がたくさんあって，準備が大変でしたが，最近ようやく落ち着きました。息子はまあまあで，新たな問題

はない。アルバイトも継続中で，もう1年半になります。女房ははじめ元気がなかったが，7月半ばにあんなに可愛がっていた犬が死んで，なぜかそれから元気になりました。落ち着いてきて生活がままごとではなくて，現実的になりました。僕が弱気なメールを送ったとき，"体を壊しては元も子もないから，いつ辞めてもいいですよ"と返してきた。僕のほうに近づいてきました。娘も運転免許を取ったので，3人で遊びに来たらと言っている。

　1人1人の人生ですから，全部僕が引っ張っていくのは無理ですね。環境を整える努力はしますけど，あとはそれぞれに任せるしかないですよね，運というか天に──。僕がこんな風になってきたのも天がくれたプレゼントですね。三十数年エンジニアとして忙しくやってきて，新たな生活もしんどいけど楽しいです。これは僕自身の人生の休日です。男の休日ですね。

　この新任地は信仰の土地です。至るところにお寺や神社やお墓があって，神々を身近に感じます。皆ご先祖たちと一緒に暮らしているんですね。魂を揺さぶるような感動的なところが一杯あって，すばらしい仏像たちにも出会いました。大自然の風景がものすごく美しくて，命が洗われる想いです。女房が観光にだけでも来てくれたらいいなと思います」

3. 考　　察

3-1. 心理療法の展開過程

　この事例は形式的には，不登校ないしは強迫性障害のケースの父親面接，あるいは不安神経症ないしはパニック障害者の夫面接として始まったが，それはすぐに彼自身のカウンセリングとなった。ここにみられた人生の振り返りと現実の受容，引き受けと統合のプロセスは，単に彼だけの場合に限らず，かなり普遍的にみられるカウンセリングの展開過程とみることができる。すなわち，まず露払いが登場してカウンセラーが試され，合格すれば真打ちの登場となる。そして面接が継続され，第Ⅰ期では事実的な外在的問題と不安や困惑等が訴えられ，第Ⅱ期では過去が振り返られ吟味される中で，現実が受け止められ，問題が引き受けられるようになる。第Ⅲ期では自分自身のことに目が向けられ，内面が探求され新たな目標が見えてくる。第Ⅳ期ではそれらが深められていき，

全体が統合され、視野が拡大される。そして第V期は終結のときである。

　心理療法の目的は、内面化、つまり自己自身に問いかける姿勢を獲得することにある。それは自己の人生を見つめることにつながる。心理療法には「人生」という要因が不可欠である。人生とは歴史であり、時間である。彼は初めて買ってもらった本から抱いた少年の夢を数十年かけて全うした。彼の健康を祈って母親が願掛けしたお百度参りを彼もまた息子のために2, 30回もした。彼の妻も家系の宿命を背負っていた。妻があんなに可愛がり依存していた犬が死んで、元気になったという話も興味深い。

　心理療法家とクライアントの関係もまた、歴史的である。だからこそ心理療法には一定の、多くは年余に及ぶ、時間が必要となる。面接過程とは、その経過の中で、だんだん相手のことが分かってくるプロセスであり、相手の人生に参加していく過程である。それは「"同行二人"のこころの遍路」にもたとえることができよう。「家族ダイナミックス」もこの時間の中で当然、変容していく。心理臨床家の応答や緩やかな介入は、次第にじわっと滲入し、いつのまにか彼は家族会議の目に見えぬ成員になっている。

　自己の人生を見つめることは、自己の存在の意味を問うことと重なる。その究極は、超越の領域に入り込む。心理臨床における超越の問題は、様々な水準で絡んでいる。たとえば、アルコール症等の自助集団では、依存が断ち切れないのは超越的宿命によるのであって、決して個人の意志が弱いからではなくて天が悪いのだという形で、初期から逆説的にそれを利用しようとするし、障害児の親の「障害受容」の経過においては、はじめは絶望して神も仏もあるものかと恨んだ天命を何年かのちには「私たちのところだからこそ、この子が生まれてきてくれたのだ」として神仏に感謝できるようになる。この転換は臨床家にとっていつも感動的である。

　ここで心理療法の技法論的次元のことがらとして注目しておかなければならないのは、この事例がそうであったように、超越のテーマが、いわば「個別的生命が宇宙的生命の分与であることの自覚」として現れてくる場合には、そのような体験は積極的に支持されるべきである、ということである。このような超越性によってエンパワーされることの自覚は、自己存在の根源的必然性を保証するからである。その根拠は次の点にある。

3-2. 自己と超越

　自己とは，いわば閉鎖系ではなくて開放系である．それゆえ，自己は状況にも他者にも，過去にも未来にも，身体にも深層にも，世界にも宇宙にも，宿命にも可能性にも，そのほかもろもろに開かれている．この開かれた状態が「超越」であるが，「自己」とは，このような超越を内在化させ続けている働きである，あるいは，その超越と内在を可能にさせる境界そのもの，ないしはそのような境界設定それ自体のことである．自己が自己として成立するということは，世界や宇宙に開かれた，主客未分の世界合一的純粋経験を今ここへと収斂させ，ほかならぬ私のこととしてその瞬間ごとに自己還帰し内在化し続けているということである．

　このような世界への超越の面と自己への内在化の面とからなる自己成立の動きは，個人の意志や努力でそうしているのではなく，いわば先験的に，絶対的受動態としてそうなっているのである．それが上に述べた「宇宙的根源的生命性が個別的生命に分与されている」ということである．ロジャーズの言葉でいえば，「宇宙の形成傾向」が個人の「実現傾向」として現れるということである．このような先験的事態が自然に進行しているときは，当然それ自体が意識されることはない．しかし，たとえば思春期になって自己が自己であることに気づいたり，この自己と自己との間に隙間が開いたりすると，すなわち危機的になると，自己成立の両面は分離し対象化されることになる．そのとき，自己の働きの主に超越面が外側に投影されて具体的な形をおびて絶対的なるものとして対象化され，またその主に内在化面がそれによる恩寵ないしは「お加護」として対象化されれば，そこに意識化された超越的，宗教的体験が成立することになる．つまり，自覚された超越的，宗教的体験とは，存在論的自己成立の相似形として心理学的に説明されうるのである．いいかえれば，超越的，宗教的体験の「原図」は，超越を内在化させるということにおいて自己が自己として成り立っているという働きにあるのである．

　だから逆に，超越的体験を支持することが，自己成立を保証することになり，心理療法としての意味をもつのである．前項の最後に「自己存在の根本的な必然性の自覚を保証する」と述べたのは，いうまでもなく超越的な体験が単に自己愛的，自我肥大的に自己を増強するというようなことではなく，むしろその

ように固定化されがちな自己に対して，超越と内在化の生き生きした流動を促すということである。自然な安定した自己成立を保障することによって自己は思い込みや執着から開放され，豊かな生命的活力に満たされ，万物を愛しめる優しい気持ちになりうる。ひとことでいって人間的成熟が可能となる。内観療法や森田療法，禅セラピーなどは，このようなプロセスを体験するためにシステム化された技法であるとみることができる。

3-3. 自己の病理と超越

　臨床場面において問題になる超越的体験は，ヒステリー性精神病やてんかん性精神病，非定型精神病等においてよく出現しうる神秘体験や忘我体験，憑依体験，妄想知覚や妄想気分，関係妄想や関係念慮等々の異常意味体験である。境界性あるいは自己愛性パーソナリティ障害等においても，いわゆる不思議な体験が確信的に語られることがある。

　このような事象が，世界的一神教宗教であれ新興宗教であれ，その成立過程において大きな役割を担っていたことは間違いないけれども，臨床的対応としては，これらの病理的体験は基本的に被覆されるべきである。すなわち蓋をする処遇である。その上で，心理療法の目標としては前節で述べた方向が目指される必要がある。つまり自らを超えた大きな力に支えられていることの僥倖に気づき，そのことへの感謝とともに，自己存在の不思議さや有り難さを感ずることにより，世界や他者をより深く受容し，より高い倫理性の実現や人間的成熟に向けて歩めるように支援する方向づけである。

　しかしこれは，ヒステリー‐非定型精神病スペクトラムのクライアントに比べると，特に境界性や自己愛性のパーソナリティ障害においては，なかなか難しい。彼らは自らの傷つきに固執し，自閉的なまでに内在の側に執着し，防衛するために外界を非難し攻撃的に行動しようとするからである。とはいえ，彼らに対しても，病的な意味づけには蓋をして，自らが大いなるものに守られ，恵みを与えられていることに気づき感謝しうるようになる方向づけは十分に可能である。その際の要点は，彼らの不遇に対する不安と怒りを十分に受け止めうるかどうかにかかっているであろう。

3-4. 適切な超越性

　本事例の超越性とのかかわりは，いわば「適切な」超越的経験であり，心理療法が目指す均衡の取れた自己成立のあり方であった。いうまでもないとは思うが，この事例が本格的な超越的宗教的体験をしたのだと主張したいのでは決してない。そのような体験はむしろ特殊な異常体験であって，心理療法の主眼はくりかえすが，超越と内在化という自己成立の両契機の均衡の取れた活性化にある。

　彼は「祈りによって宇宙の力と合体できる。宇宙の無限の原動力と繋がることができる。私の命は宇宙の命です。木も虫も風も人間も皆，宇宙の生命です。それが自分に流れている。だから僕は皆と一緒。宇宙の中で孤独ではない。神様が守っていてくれる。両親もこの辺にいて，願いを聞いてくれる気がする。宇宙の力，神の導きを感じます。宇宙生命の考え方からすれば，死後の世界もありうると思います」という。ここでは，神も仏も，天も自然も，運も偶然も，願掛けもニュウ・ソートも，あの世も祖霊も，祈りも感謝も，あらゆるものがくくりこまれている。

　このようなあり方は，西洋的宗教学概念によっては捉えられない日本人の独特な超越性とのかかわり方である。多くの日本人にとっては，神も仏も先祖も霊魂も，大自然も宇宙的生命も天命も等しく超越的なるもの一般である。「神」はこのような超越的な「上（かみ）」一般に由来するという（渡部，1989）。これらすべての自己をはるかに超えた大いなる存在性に，少なくともしばらく前までの，日本人は崇高さと畏怖を感じ，自己存在の「有り難さ」や幸福に感謝しえた。ユングが強調したヌミノースムとのかかわりは，日本人にとっては自然の移ろいの折々に感受されるむしろ日常的な感覚であったであろう。山折（1990）は，正岡子規が庭前の自然のうちに自己をみ，夏目漱石が徹底的な自己凝視の果てに則天去私の観念に至ったところに，日本人の宗教性の本質をみている。自己が自然であり，自然が自己であるところに超越性がある。中間子理論の発想を荘子の思想から得た湯川秀樹（1966）は，日本人のこころには山川草木全体を貫く生命感があり，それによってどんな災難にもめげない人生肯定的態度をもち続けてきたという。

　日本人は豊穣な自然の森羅万象のうちに生命性を感じ取り，それらとの一体

性のうちに自己もあるというあり方をしてきた。死者ともそうであった。死者が解脱を得，先祖となるには縁者が仏力に頼り，その資糧として追善による作善が必要であった（伊藤，2001）。こうして生命は循環している。それは「自然」の大ライフ・サイクルであり，ゲシュタルト・クライスである。「普遍的無意識」という概念も実は，このようなことを指そうとしていたのではなかったか。

われわれの事例は，まさにこのような日本人にとってごく自然な超越とのかかわりのあり方をするようになっていった。「僕はエンジニアですから，若い頃そんなことは考えもしませんでした」と語ったが，彼は日本を代表する大企業のエンジニアというよりもむしろテクノクラートといってよい存在であった。それが定年と妻子の問題に直面する中で，このような超越面に開かれ，同時にまたいわゆる「自己実現」をも可能にすることができた。このような展開方向に向けて働きかけることが，世界への超越と自己への内在化をともに促すということなのである。

3-5. おわりに

さきに，心理療法とはカウンセラーと相手との「同行二人のこころの遍路」におけるその時どきの対話であると述べた。カウンセラーはもっぱら合いの手を入れつつ，相手の語りを聴く。1年も2年もかかって，そこでようやく語り出される話もある。本当に大事な話というのはむしろそうしたものであろう。見当違いな思い込みや不条理なこだわりや理不尽な感情にもそれなりの理由がある。だから，心理療法とは理解が深まっていく過程であり，カウンセラーにとっては謎解きである。人生には不思議なことも多い。禍福ならぬ因縁あざなえる縄のごとしである。その謎解きは相手にとっては「気づき」であり，発見であり，過去への回帰であり，また将来が開けることでもある。「同行二人の対話」は，そのことの確認，納得，定着の歩みである。その際，カウンセラーの合いの手は豊かなほうがよい。いわゆる率直な自己表明であり，純粋な透明性である。しかし，そうするのは，岡（2007）もいうように，相手のより自由な自己表出のためであり，カウンセラーがそれをより深く受容するためである。究極は，やはり受容である。病理に厳しい診断的な目でみれば，そこには病理

が出現する，あるいは，産出される。これに対して，それも人間のありうるひとつのあり方なのだと受け容れ理解できれば，相手の表情も穏やかに，いつくしめるものとなり，そして病理は病理ではなくなる。

　人間学とは，正常‐異常，健康‐疾病の概念にもとらわれず，どんな状態も人間のひとつのあり方として理解していこうとする立場なのである。

文　献

池田豊應　1999　心の臨床・その実践　ナカニシヤ出版
池田豊應　2001　人間学的心理学　ナカニシヤ出版
池田豊應　2004　グループの実践：不登校生徒へのアプローチ　臨床心理学 **4** (2)，470-474.
池田豊應　2006a　不登校生徒へのグループ・アプローチ―「ヨコ体験グループ」―　野島一彦編　臨床心理地域援助研究セミナー　至文堂　pp.114-127.
池田豊應　2006b　超越と人間性―序論―　人間性心理学研究 **23** (2), 1-12.
伊藤唯真　2001　日本人と民俗信仰　法蔵館
岡　昌之　2007　心理臨床の創造力―援助的対話の心得と妙味　新曜社
加藤　敏　1999　人間学　融　道男・南光進一郎編　臨床精神医学講座　第24巻　精神医学研究方法　中山書店　pp.389-405.
木村　敏　2001　木村敏著作集1～8　弘文堂
渡部昇一　1989　日本史から見た日本人　古代編―「日本らしさ」の源流　祥伝社
山折哲雄　1990　日本人の宗教性　宇沢弘文ほか編　岩波講座・転換期における人間9宗教とは　第Ⅲ章　岩波書店　pp.257-287
湯川秀樹　1966　末川　博・桑原武夫・湯川秀樹・梅原　猛　現代の対話　雄渾社

3

プレイセラピーのケース：
トイレ強迫から電車マニアへ

後藤秀爾

1. 事例の概要

1-1. 出会い

　ここに紹介するのは，オムツがとれた2歳のころからトイレにこだわり続け，世の中のトイレ全般に強い関心を向けつつも，不安が高くて自宅外のトイレには入ることもできなかった，ヒロキ（仮名）という男の子とのプレイセラピー過程である。5歳2か月のとき，母親に連れられて相談室にやってきて，週1回のプレイセラピーを開始した。8歳4か月までの経過について，とりわけトイレから電車へという彼の興味対象の変遷を軸に，考察をすすめる。

　ヒロキの言葉を「　」に，筆者の言葉を＜　＞に入れて示す。

　ヒロキが相談室にやって来たのは，2年保育で自宅近くの私立幼稚園に入った年度の1月であった。待合室では，相談申し込み票を書く母親の傍らでうろうろと辺りを探索するように動き回っていたが，担当者である筆者が姿を見せると慌てて母親の陰に隠れるように寄り添った。はにかんだような固い笑顔をうっすらと浮かべ，不安そうに状況をうかがっているように見えたので，少し距離を置いてしゃがんだ姿勢で目線を合わせ，話しかけてみた。あいさつをし，こちらの自己紹介をし，名前を尋ねると，母親に促されてからささやくように答えた。

　この年齢としては幼い反応であるが，母親との愛着関係は強いように見えた。母親ともその場で少し立ち話をして，これからの流れを説明した。その間，ヒ

ロキはよそ見をしているようであったが，親しく言葉を交わす母親の姿を通して，筆者の存在を少し安心して受け入れ始めたようであった。

＜お母さんから離れられますよね＞と，母親に確認したうえで，ヒロキをプレイルームに誘ってみると，母親の顔色をうかがうようにしていたが，結局，母親に促されて筆者の手を握った。ヒロキは，やや小柄で痩せていて，顎を前に出すような前かがみの姿勢で歩いた。この窮屈そうに歩く様子は，その後の経過においてもしばらく変わりはなかった。

母親が衝立の陰に見えなくなると，廊下の両脇の部屋のネームプレートがにわかに気になり始めたようで，「なんて書いてある？」と知りたがった。順番に読んでいくうちに，プレイルームの手前にあるトイレの扉が目に入った。急に元気になって「ここトイレ？」と，尋ねてきた。＜トイレだねえ＞と，筆者が応ずると，「先生，開けて」とドアを開けさせた。そっと顔だけをドアの中に入れて覗いてみて，すぐにドアを閉めた。「男用トイレ，あった」と興奮気味につぶやいた。＜女用も子ども用もあるよ＞と筆者が言うと，もう1回ドアを開けさせておいて覗いてみた。＜入ってみるかい＞と尋ねると，「ヒャー」という悲鳴を上げて急いで顔を引っ込めた。筆者を見上げた表情は，嬉しそうな笑顔であった。＜見たいけど怖いよね＞と言葉を添えると，それには答えずに「もう1回見る」「先生，入って」とヒロキは求めた。筆者が先に入ってヒロキを手招きすると，一足踏み込んだがすぐに「キャー」と言って走り出た。タイミングを逃さないようすぐに追いかけて後から抱きとめ，＜つかまえた＞と言うとニコーッと嬉しそうな笑顔を向けた。＜一緒に見にいこう＞と誘うと，筆者の足に絡みつくようにしてドアの中に身体を入れてきた。＜男用と女用と，子ども用が2つ＞と説明してやると，「先生，水流して」という要求が出た。ボタンを押して水を流すと，天井近くのタンクから水が流れ落ちる音が響いた。「キャー」といって急いで外に逃げ出すので，追いついて小脇に抱えて廊下の途中まで走った。下ろしてやると「あー，怖かった」と笑顔になった。その日は，ずっと時間中，トイレに出入りして過ごした。

＜きょうはこれで終わりにして，また今度来たときにやろうか＞と声をかけると，嬉しそうにうなずいた。ヒロキにはしばらく待合室で待ってもらって，母親の話をしばらく聞くことにした。問題の概要を確認した上で，次回から週

1回1時間の母子併行面接を行うことを提案し，同意してもらった。当面は，20歳代の女性大学院生がヒロキのプレイを担当し，筆者が母親面接を担当する形で，スタートすることになった。

1-2．問題の概要

母親が相談申し込み票に記載した内容は，「トイレのことばかり言う」「友だちができない」「他の子よりも遅れている」という3点であった。

母親の説明によると，トイレへのこだわりは2歳のころからあった。オムツを外したときからトイレを気にして，外出するとまずトイレを探していた。排泄に失敗して漏らしたことは無かった。「特に厳しくしたということはなく，お姉ちゃんと同じようにしていたのですけども」と，母親は，こだわる理由がわからなかったことを語った。

そのころからずっと，ヒロキは外のトイレで排尿も排便もしたことが無い。「おしっこ無いの？」と聞いても「無い」と言って，絶対にしようとしなかった。オマルを持っていっても，道端でさせようとしても，頑としてしない。身震いするほど切迫していても，家のトイレまで我慢した。家のトイレに抵抗を示したことは無いが，水を流すことはできず，いまでも母親にやらせている。「家族で2時間以上の外出はできません」と，母親は嘆いた。

家での遊びも，会話の話題もトイレに関することばかりである。4歳ごろから，レゴブロックでトイレを作るようになり，それに熱中した。最近は，和式，洋式，男用，女用を区別して作る。外出先のトイレがどんなトイレかを確認したがり，家に帰ってからもそれを話題にする。買い物先のトイレの種類も，地下鉄の駅のトイレの場所も，すべて覚えていて，家での会話もその確認をしたがっている。最近では，段ボール箱や空き箱などを使って，大小のトイレを作っていて，頭の中はトイレのことばかりになっている。トイレの遊びを止めさせようとしても聞かないので，母親は半ば諦めて付き合っている。

言葉の発達は，全体に遅かったがあまり気にしなかった。3歳児検診でも，言葉の遅れを指摘され，集団に入れるようにと勧められたが，まだ早いという父親の意見に従って，1年待ってから近所にある少人数の幼稚園に入れた。

そのときまだ，単語しか出ていなくて，構音も充分ではなかった。「おかあ

さん」が「おふぁあふぁん」に,「センセイ」が「フェンフェエ」になっていた。人称の倒置もあり「おかえり」と言って帰ってきたりしていた。

　幼稚園では,集団での活動には参加できなかった。1人遊びが多く,使っている玩具に他の子が手を出すと,怒って噛み付いていた。夏休み明けくらいから,何とか席に座って,まわりの動きを真似しながら参加できるようになって来た。トイレにも1人で行けるようになったが,いまも洋式のトイレでは排尿できない。集団での課題のときは,席に座っていられないことも多く,トイレの近くをうろうろしていることが多い。自分から仲間とかかわろうとしないで離れているので,友達ができないでいる。しかし,気持ちは活動に参加しているようで,童謡のカセットテープを買ってもらって家でもよくかけている。母親や姉が合わせて歌うと,「幼稚園の子が歌うの」と言って怒る。1人で寝るまで歌っていることがある。

1-3. 家族構成

　家族は,両親と姉,父方祖母の5人である。

　父親は,自動車会社の技術者であるが,「家には寝に帰る程度」と母親が言うくらい,不在がちである。ヒロキのことを母親が相談すると,「一所懸命,遊んでやれ」「1日に何か1つずつ教え込め」という2つを指示した。自分でも多少の負い目があるのか,休日には努力して遊びに誘っているが,ヒロキの興味と噛み合っていないように母親には思える。面接の経過中に3度ほど,母子について来談しており,子どもの問題にも誠実に向き合おうとする姿勢がみられた。口数は少なく,どんな遊びにも付き合える器用さはないが,真面目で子育てにも協力的である。後になって,ヒロキの関心が電車に移行したときには,父親の趣味である鉄道模型が随分,役に立つことになる。

　母親は,専業主婦であるが,化粧っけのない飾らない人で,人付き合いは得意ではないと語る。それでも,ヒロキが友だちと遊べないことを気にして,できるだけよその家へ出かけていって,同年代の子どもと遊ばせようと努力してきた。ヒロキがよそでは母親の膝から離れないため,何とか自立させようと考え,今は,ヒロキの甘えを受け入れないようにしている。それが,母子分離不安の強いヒロキの葛藤を高めることになっていることにも気づいていて,母親

自身が「ヒロキとのかかわり方がわからなくなった」と混乱した気持ちを語った。

姉は，当時，4歳年長の小学2年生であった。きょうだい喧嘩もしない代わり，ヒロキにまとわりつかれることをうるさがって，自分からは働きかけようとしない。ヒロキのことに無関心というわけではなく，父親が来談したときにはついてきて，筆者の質問にも答えてくれた。

祖母は，日頃は別棟で生活しているが，ときどき顔を合わせると，「トイレの話はやめなさい」と口うるさく注意するので，ヒロキは段々と無視するようになっている。

全体として捉えると，何の問題もない家族であるが，それは家族成員がみな，密接な関係性を嫌い，葛藤回避的に生活している結果であることが見えてくる。その中で，ヒロキの存在が切捨てられていた家族内葛藤を引き戻し，家族全体で取り組むべき共通課題を生み出しているようにも見える。ヒロキの出してきた「問題の行動」の解決に取り組むことが，家族を本来の家族としてまとめ直すための鍵になる。それが，潜在的な，しかしかなり主要な課題であることは，視野に入れておく必要がある。

1-4. 生育歴

胎生期，周産期とも障害はなく，標準体重よりやや小さめではあったが，満期で出生した。母乳の出方が充分ではなかったため，混合栄養であったが，よく飲み，よく寝て，手のかからない赤ちゃんであった。全体に発達は遅れがちであり，1歳の誕生日前に人見知りがみられ，1歳6か月で歩き始め，初めての言葉は2歳になるころであった。

言葉は，初めのころ，独り言のようであったが，3歳のころにはオウム返しが多くなった。幼稚園に入った4歳5か月のときには，まだ単語を単発で使って会話をしている状態であったが，他の子の動作を真似して取り込むようになって以後，急速に言葉を覚えてきた。

1-5. 見立てとプレイセラピーの方針

運動機能，認知能力，社会性の発達ともに軽度の遅れが認められる。初回に

遊んだときの手応えとして，感情表出は豊かであり，疎通性はあり，自閉症ではないことが確認できたのだが，生育歴を聞く限り，言語発達過程での独語やオウム返し，人称の倒置などのエピソードや，遊びにおける興味対象の狭さ，トイレを中心に見られるこだわりの持続など，自閉症児の発達経過と重なる部分がある。

　それらはおそらく，まわりの世界が刺激過剰で整理されず，混乱を回避するために，侵入的になる対人刺激を遠ざけようとして出してきた自我防衛反応の1つだと考えられる。身体感覚レベルでの体験も含み，自己存在感の成立しにくさが，自他の区別をも混乱させることにつながりやすい。この体験の仕方は，自閉症圏の子どもの体験内容と共通性をもっている。

　トイレ強迫ともいえるトイレへの関心の向け方もまた，自閉症圏の子どもにしばしばみられる症状である。彼らの場合には，自己と他者との中間的な位置をもつ排泄物が，自己身体から切り離されて水流に巻き込まれ消えていく感覚が，自己存在を脅かす体験に直結するため，トイレでの排泄に抵抗を示すものと考えられる。自他の未分化さと自己存在感の危うさなどと密接にかかわる課題が，この症状に示されていると考えてもよい。

　したがってここでの援助目標は，「生活場面において自己が自己として成立すること」にあるということができる。それは，目先の問題処理にとらわれず長い眼で見た自我形成の課題に取り組むことであり，家庭や幼稚園，将来的には学校での発達環境の調整にかかわる対応を含めた，全体発達支援ということもできる。筆者が直接的に関与するかどうかは別として，一応は生活場面全体を視野に入れておく必要が出てくる。また，プレイルームでの体験の中に生活療法的な視点も要求されることになるが，基本は，ここでの体験が，生活体験全体を整理して取り込みなおすための核として機能することである。

　診断を付けるとすれば，境界線水準の認知障害を基盤に発展した情緒障害の子とみてよいであろうが，セラピーの方針を考えると，高機能自閉症や学習障害といったいわゆる"見えない発達障害"をもつ子どもとのプレイにも通じる課題が基本にある。内的葛藤の整理というよりも，自我構築を視野に入れたプレイセラピーのモデルケースの1つとして，紹介したい。

2. プレイセラピーの経過

2-1. 身体接触要求の出現：幼稚園年中組の3月（5歳4か月）まで

　この時期のヒロキの担当は女性の大学院生である。初回の筆者とのトイレ遊びの余韻を受けて，相談室のトイレ探索に熱中している。担当者をトイレに入らせて，水を流させ，ヒロキ自身はドアから顔だけ覗かせて様子を見ている。

　そのうち，次第に担当者に抱かれてトイレ内に入り込み，水のタンクを覗こうとして担当者の身体をよじ登るようになっていく。おんぶや抱っこを盛んに求め，抱かれていれば自分でも水洗の水を流し，胸にもたれかかるようにして水の流れを眺めていたりする。

　母親面接においては，母にとって正体不明のヒロキの気持ちを1つ1つの行動から解説し，今後の見通しを語り，トイレへの関心を見守り肯定することを母に求めている。父の協力も得られる状況であるため，友だち作りよりも優先すべき課題として，身体接触を中心とした親子のかかわりあいを奨励する。

　そのことによって，トイレへの熱中は一層強化されるが，一方で，寝るときに童謡のカセットを聞く代わりに，母親の布団にもぐりこんでくるなど，身体接触を求める動きが目立ち始める。父親や姉にも，自分から抱きついたり背中からもたれたりするなど，関係を楽しむ様子が見られ始める。

　それまで触られることを嫌がっているかに見えたヒロキが，甘えてくる姿に接した母親は，本当は自分を求めているヒロキの気持ちに気づき始める。身体接触を自然に受け入れるようになれたとき，言葉の遅れを気にしていなかったつもりでも，実際には無意識的にであれ発達圧力をかけていたことに気づいていく。この期の最後には，市内の博物館で『世界のトイレの歴史展』という企画展の広告が筆者の目にとまり，春休み中のお楽しみにと，母親に勧める。

　この期はまた，これまでの担当者との別れで終るのだが，ヒロキ自身はあっけないほど何の感慨も無く別れている。プレイの担当を筆者が引き継ぎ，母親面接は，この後，必要が生じたときに申し出てもらうこととし，日常的には連絡ノートにて簡単な情報交流を行う形とする。

2-2. トイレのおばけ：幼稚園年長組の9月（5歳9か月）まで

　筆者とのプレイの初回，ヒロキは『世界のトイレの歴史展』の図録を，大事そうに抱えて嬉しそうな顔で現れる。＜世界のトイレを先生にも見せてくれるかな＞と声をかけると，開けてあったプレイルームのドアに向かって歩いていく。トイレの前を通るときには少しためらうが，＜トイレ見るんだったら，その本，持っててあげようか＞との声かけに対し「いい」と答えて，初めてこの部屋に踏み込んだ。すぐに床に座り込んで図録を広げる。世界最古のトイレをはじめ，各種トイレの写真を筆者に見せて，興奮気味に解説してくれる。＜こんな感じのトイレだね＞と，レゴブロックで1つ作って見せると，ヒロキも作り始める。洋式と和式を掌サイズで1つずつ作ってその日は終わる。

　以後は，プレイルームの中でトイレごっこに没頭することになる。

　しばらくは自分でも作っているが，そのうちトイレ作りは筆者に任せて，部屋中の玩具を探索してまわるようになる。特にリカちゃん人形セットのうち，トイレの中が見える家には心をひかれ，人形を入れたり出したりして遊ぶようになっていく。この遊びの初めのころは，ストーリーもなく，ふたの付いた洋式トイレの機能を確認しているようで，ボタンを押して水がタンクから流れ出してどこまで行くのかを気にして，何度も筆者に問いかけている。下水管から浄水場を経て川から海へと流れる様子が，ヒロキの気持ちの中ではどこか納得し切れないようである。

　リカちゃん人形を使って，「男のおしっこ」と「女のおしっこ」をそれぞれ演じ分けているうちに，唐突に，「おばけ，出る？」と聞いてくる。＜出たら怖いね＞と応ずると，「キャー」と悲鳴をあげるので，筆者も手にした人形を部屋から逃がして＜おばけが出たぞお＞と調子を合わせる。その後も，トイレの前まで恐る恐る近づき，中を覗いて「おばけが出たあ」と言って逃げ惑う，という人形の動きを繰り返す。まるで，初めのころのトイレ探索の動きを反復しているようであり，あの時も，ヒロキの目にはトイレのおばけが映っていたことがはっきりと理解できた。

　そのうち，人形は便器に座るようになるのだが，おしっこの途中でパタンッとふたが閉まってしまい，「助けてくれえ」と叫んで手足をばたつかせ，筆者にミニカーの救急車で助けに来させる，という場面を演じ始める。

2. プレイセラピーの経過　49

　こうしたヒロキの中のイメージは，同じ場面が少しずつ形を変えながら何度も反復されるのだが，いつも断片的で，なかなかまとまったストーリーにはならない。すぐに中途半端なまま消えてしまい，いつの間にか玩具棚を探りながら別の玩具をいじっているうちに時間が過ぎる。筆者が続きに誘おうとすると，「先生，そこで座ってて」と言われ，部屋の隅のソファーに待たされて，黙って様子を見ているだけのことも多い。筆者の出番は，なかなか作ってもらえない。ヒロキも人形と家とミニカーとをあてども無くいじりまわしているだけのように見える。

　そんなことが何度も続くと筆者も眠くなってしまい，あるとき，＜ヒロくん，先生眠いからちょっと寝ててもいいかな？＞と尋ねてみる。「いいよ」とヒロキは軽く答えてミニカーを手にしている。目を閉じて意識が薄くなりかけるとき，突然，ヒロキは「こらー，寝てるんじゃない」と叫んで飛び掛ってくる。思わず目を開けて両手でヒロキの身体を抱きとめると，嬉しそうな顔で筆者のボディにパンチをしている姿がある。不意を衝かれた筆者は，この瞬間ちょっとした恐怖を感じているが，＜ヒロくんのパンチで眼が覚めてしまったぞ＞と，そのまま床に転がってしばらくじゃれあって遊ぶ。怖いものに立ち向かう心のエネルギーをこの時期に溜めていたのだと，この恐怖体験を通して筆者は理解した。＜おばけに出会うのは怖いし，立ち向かうのはもっと怖くてためらうよな＞と，後に記録を書きながら思った。このときのヒロキは，内なるおばけを筆者に重ねて見ていたのだと思われる。それをコントロールして眠らせることに成功したのだから嬉しかったのかもしれない。戦ってみて，じゃれあいの中でおばけと親和性を高めていったとも考えられる。あるいは，筆者を目覚めさせることでヒロキの中で眠っていた何かもまた，目覚めたのかもしれない。

　ともあれ，筆者を叱ったことが自信になったようで，次の回には，女の子の人形が幼稚園から帰ってトイレに入り，おしっこをしようと便器に座ると，急にふたが閉まり，「助けてえ」との叫びを残してどこかへ流されていく，というストーリーを演じ切ることができる。＜どこへ流されて行ったかなあ＞と，筆者が問いかけると「わからん」と答える。興奮した様子であるが，どことなくすっきりした表情に見える。

　プレイルームでおばけと戦う間に，生活場面でのヒロキはトイレ不安を克服

しつつある。入れるトイレを少しずつ増やしていき，夏休み前には，どこのトイレでも入れるようになるが，ウンチのほうは，やはりまだ抵抗が強いようである。家での遊びもトイレへのこだわりが薄らぎ，姉の遊びに手を出したりしながらレパートリーを広げ始める。幼稚園では，着席することが増え，他児との交流ができつつある。

2-3. 泥棒の逮捕：幼稚園年長組の終わり（6歳5か月）まで

　夏休みが明けるころから，突然，トイレ遊びをしなくなる。人形の家も出しているが，部屋の隅に拡げてあるだけのことが多い。もっぱら，箱庭の遊具棚からミニカーを出してきて床に並べ，手に持って走らせたり，滑り台の上から滑らせたりして楽しんでいる。途中から「火事でーす」と消防車を何台も走らせることもあれば，筆者にパトカー（警ら車）を持たせて「泥棒です」と言って追いかけさせることもある。

　そうして遊ぶうち，救急車やパトカー，消防車（タンク車とはしご車），戦車といった特殊車両が気に入ったようで，それらを選り分け，集めて置くようになる。そのうち，箱庭の棚から消防署の建物を見つけてきて，それらの車を格納することを思いつく。何種類もの特殊車両を入れるために，建物が増え，ちょっとした町並みへと発展していく。

　町並みが拡がるにつれて，車たちの演ずるドラマもストーリーがつながるようになり，火事を起こした犯人や，銀行を襲った「泥棒さん」を追いかけて逮捕し，パトカーや消防車，救急車，戦車，トラック，その他の乗用車などが，総動員で犯人を取り囲んで監視する，といった遊びを繰り返すようになる。追うものと追われるものの役割を変えたり，多少シチュエーションを変えたりしながらも，犯人の逮捕，包囲，厳重な監視というパターンは一貫している。

　電車やバスなど大勢の人たちの乗る車を使った遊びも出てくる。線路は無いが，電車を駅で止め，筆者に構内アナウンスをさせて出発する。そのようにして遊んでいたあるとき，電車を手渡された筆者が，手元にバスを残しているヒロキを見て，＜ヒロくんは，バスなの？＞と尋ねたことがある。そのとき，「俺は人間だあ」と叫んだヒロキの声は，大きくて力強いものと感じられた。会話としては，少々ずれているが，ヒロキの中でこのセリフ自体が，誰かに伝

える必要のある大切な思いになっていたのだと考えられる。

　家でも，このころには「これ何？」「どこで買った？」「どうするの？」などなどの質問がうるさいほどに増え，父親の趣味であるNゲージの鉄道模型にも関心を示し始める。幼稚園でも，ぼんやりすることが無くなって，友達の中に入っていこうとする動きが見られている。その分，トラブルも起きるが，他児から「馬鹿」と言われ，「僕は馬鹿じゃない」と言い返したようである。

2-4．お医者さん：小学1年生の1月（7歳1か月）まで

　小学校は，障害児学級も考えられたが，学区外となるため，通常の学級に通い始める。環境が変わって，学校状況に馴染むのに，かなりのストレスを感じていたようで，トイレ遊びが再燃して，夏休みころまで続く。

　プレイルームに入る途中の廊下で目に付いたバケツや洗面器も使い，大型積み木や小型平均台などを部屋中いっぱいに並べて便器に見立て，おしっこやウンチの振りをして遊び始める。学校の複雑なルールに従って行動するときの戸惑いを，排泄するときの混乱に象徴化した遊びになっている，と，その時も思って見ているのだが，部屋いっぱいの便器を前にすると，ヒロキの目から見るとわけのわからない決め事のあまりの多さに，眩暈のするほどの内面の混乱ぶりが伝わってくる。

　ヒロキはこの事態をどうやって整理していくのか，気をもみながら見ている筆者に，ヒロキは次第に参加を求めるようになり，「先生，ここでおしっこして」「今度はウンチして」と指示する。排泄の振りをしていると「ホントにやってよ」と要求する。＜ここは遊ぶところだからホントにはしないの＞と断ったが，しばしば「ホント」を求めている。

　夏の終わるころから，トイレとトイレの隙間でお医者さんごっこが始まる。ヒロキが「お医者さん」になって筆者をソファーに寝かせ，何本も注射を打ち，「あしたになったら治ります」と，自信ありげに宣言する。このころになって，プレイ中，筆者は妙に便意を催すことが多くなって，困惑している。一度だけ，我慢しきれなくなって，ヒロキに断って「ホントの」トイレに行って排便する。このとき，しばらくしてからヒロキ自身も「ウンチする」と言いだす。青い顔をしてトイレの前まで行くのだが，「やっぱいい」と言って戻ってくる。その

日は，出さずに帰るが，次の回にも，その次の回にも，トイレの前まで行って戻ってくることが続く．4回目に，とうとう相談室のトイレで排便し，嬉しそうに「先生，でた」と報告してくれる．＜大成功だったね＞と，ともにハイタッチで喜びあう．

　夏から秋にかけて，学校にもようやく慣れてきたようで，家に友だちを連れてくるようになる．言葉使いも荒っぽくなって，母親を「ババア」と呼ぶことや，「くそ」「しょんべん」「おっぱい」などの汚れ言葉を言ってふざけることも出てくる．戸惑う母親には，この時期に必要な「言葉の泥んこ遊び」として説明する．Nゲージを通して，父親と会話する機会も増えている．

2-5. 線路作りから街作りへ：小2の終わり（8歳4か月）まで

　小学校に入って1年が経とうとするころから，鉄道への関心が強くなってくる．「僕，電車好きなんだ」「沢山知ってるんだ」と言うようになり，プラレールを使った線路作りに没頭し始める．

　はじめは直線で単線のレールであったが，まず停車するための駅ができ，線路が延びるにつれて踏み切りや鉄橋ができ，線路が複線化して，次第に大きな円環を作るようになる．「泥棒さんごっこ」のときに使った建物も線路のまわりに立ち並び始め，ちょっとした街ができていく．列車を走らせることもあるが，ほとんどは線路つくりで時間が過ぎていく．

　この線路作りは，ヒロキの自我構築の過程を象徴しているとみられる．心の中の活動範囲，生活領域が拡がっていき，ある種のまとまりが生まれ，社会的活動の要素が加わって膨らんでいく．この内的世界の拡大過程は，社会的な活動への関心が広がり自信を付けていくプロセスとも重なる．

　学校場面では，学習活動に難点は残すものの，電車に詳しいことが認められ，クラスの中で仲間から受け入れられるようになっている．帰ってからは，友だちと約束しているからと，外に遊びに行くことが多い．

　この時期，友だちと遊ぶ時間を確保するため，相談室に通う間隔を隔週に設定しなおしている．プレイルームで筆者と遊ぶ時間は楽しいが，友だちとも遊びたい，という葛藤が生じていたため，2年生の終わりをもって，終結することに決める．＜ヒロくん，もうそろそろここを卒業することにしよう＞と，話

を切り出すと，特に抵抗も無く「わかった」と答える。母親は，まだ心配が多いということであるので，月に1回のペースで，母親面接のみを続けることになる。

2-6. その後の様子

その後の母親からの報告では，3年生になってから「親友」ができたのだという。近所の喫茶店の子と，外国生活が長かった子と，3人が鉄道趣味で気が合い，その話題を中心に仲良くなり，いつもくっついて遊ぶようになる。母親の言うことはきかなくなったが，毎日が元気いっぱいで楽しそうにしているので，母親もこれでよいと思っていると語られる。夏休み明けの9月まで経過を確認した上で，母親面接も終結とする。

3. この事例の考察

3-1. トイレ強迫の意味

ヒロキのトイレ問題は，トイレットトレーニングの失敗に起因するといった類のものではない。「怖いけど覗いてみたい」というトイレに対する両価性は，自己存在が消えてしまう不安と同時に，外の新しい世界に開かれる期待につながりそうな予感との，両面が入り混じった感情なのであろう。それは，一体化した母子関係から離脱しようとするときの，さらにその先にある社会的体験に踏み出すときの両価感情であると，いうこともできる。

来談当時のヒロキにおいては，自立し個別化する意欲よりも，圧倒的に分離不安が高く，それがトイレ不安と呼べる状態像を作っていたともいえる。したがって，最も基本的な対応の方針として，自己が守られているという実感の強化，言い換えると，抱える環境の提供による自我境界や存在実感の確立を志向することが，取り組むべき課題として位置づけられる。

不安の焦点は，時期によって違っているように思われる。初期の不安は，家から離れる不安である。母子関係に中心核を置く分離不安といえる。現実の母親を超えたヒロキの内にある母性とのつながり感覚から離れたときに体験する，自己存在が消えることのおびえが，「家の外ではトイレに入れない」とい

う症状に置き換えられているものと思われる。

　この分離不安は，初期のプレイの中での担当者や，現実の母親との関係において母性的なものに支えられ包まれる体験を通して，次第に，呑み込まれて消え去る不安へと変容していく。トイレのおばけは，そうして新たに生まれた不安の象徴である。そしてこれもまた，母性の一側面である。この呑み込む母性に対し，ヒロキは，相手をコントロールする魔術的な力を使って戦いながら，徐々に離脱していく。

　その後に出てきたものは，侵入される不安である。自己内が混乱し対象イメージが迫害的に感じられ，その状況を回避しようとする動きが，「泥棒さん」の逮捕と監視の遊びであろう。自我境界を確認する作業にもなっている。

　この段階でトイレ不安は解消している。しかし，この後に続く街作り，すなわち自我構築の作業を経て，ようやく仲間作りが可能になる。親との関係から仲間との関係へと関心が移行するためには，内的対象イメージが，ある程度の明瞭さと一貫性・安定性をもって保持できるようになることを，待たねばならなかったものと考えられる。

　そういった経過を経て，態度も言動も少し荒っぽくなったのは，本来は発達エネルギーである攻撃性が発揮され始めたのであろう。ギャングエイジと呼ばれる同年代の仲間作りの課題に取り組む段階に入り，仲間の行動パターンを取り込み始めたと，見ることもできる。

3-2. からだの交流・イメージの交流

　プレイルームの中でヒロキと遊んでいる最中にも，筆者は自分のからだが，ヒロキのその場の課題を取り込んで反応している感覚を，何度も体験している。眠くなったり，腹痛を起こしてトイレに駆け込んだりしたのは，偶然の生理的反応というよりも，からだの感覚という水準での交流が顕在化したものと考えている。間身体的コミュニケーションの領域で，筆者とヒロキはかかわりあっていたともいえる。意図的な身体レベルでの交流というよりも，身体性ともいうべきからだの感覚が，ヒロキのからだと触れあううちに呼び覚まされた，という感覚がある。

　また，終結の間際に筆者は，トイレで排泄物に囲まれて立ち往生する夢を見

た。この体験の当事者になるのは嫌だな，と，夢の中では考えていた。目覚めたときには，手にびっしょりと汗をかいていた。この筆者の夢は，ヒロキのケースレポートをまとめた時点で見ており，発生源が2人の関係性にあることは，筆者の中では疑う余地もない。イメージの形成につながる無意識の水準での交流も，かなり活発になされていたと，いうことができる。不安を共有しつつ距離をとることに必死になっている自分の姿が見えた。このとき，筆者をも巻き込もうとしたのは，ヒロキの中にあった大きな母性の力であると，今なら思える。この力は，現実の母親自身をも巻き込んでいたかもしれない。

　戦っている相手の大きさを実感した瞬間ともいえる。ふたをして休戦にしようと，無意識のうちに判断したのかもしれない。この夢から程なくして，ヒロキに友だちができ，親からもセラピーからも離脱し始めた。

3-3. 癒しと育ちの相互性

　ヒロキのプレイセラピーの目標として設定したのは，単に内的葛藤の処理ではなく，内的な保護枠として機能する自我境界の成立，不安の正体を知って向き合う自我の強さや母子関係から離脱する発達エネルギーの獲得，といった広く自我発達の促進を想定したものである。そのために時間はかかったが，家族はそのことを理解し，筆者を信頼して気長に付き合い続けてくれた。ヒロキも，筆者との遊びの時間を楽しみにして，飽きることなく通ってきた。

　プレイセラピーのクライアントである子ども自身の来談動機は，言葉にして確認できないことも多くあるのだが，その子の中に何らかの発達に結びつく手ごたえがあるときには，楽しそうな表情と遊びへの集中力になって現れてくる。それが子どもの来談する潜在的ニーズを伝えている。

　相手の気持ちに対する過剰な配慮は相互性が高い。そのことによって子どもが真に求めるかかわりから外れていくことがある。セラピストが考えすぎて気が重いときには，子どもも元気がない。子どもの内面を知らず知らずのうちに，セラピストが汲み取って反応しているものと思われる。その気分が子ども発信の場合ならばそれは，子どもの中で生じた転移感情である。ヒロキとのプレイにおいても，筆者は肯定と否定の両面の母親役をさせられていたと考えられるが，そのときにはヒロキと会うのが楽しみであったり重荷であったりしてい

た。

　ヒロキの内面の動きを捉える上で，身体反応や夢などのほかにも，こうした自己内の気分変動は重要な手がかりになった。子どもに寄り添う自分と，距離をおいて客観視する自分と，この両者がそれなりにうまく統合できたときには，セラピーの全過程の中での現在地点がわかっているという感覚がもてる。

　うまく一致しているときには，セラピストである自分自身が，子どもとのかかわりの中で癒されているとか，教えられているとか，育てられているとか，そういった実感が強くもてている。うまく遊ばなくっちゃとか，この子は楽しんでいないようだとか，今のこの状態のままでは友だちもできないだろうとか，そういった子どものそのときの体験世界に没入することを妨げる様々な思いが湧いてくるときには，セラピーの全体像が見えなくなっているときである。

　子どもと同じ時間と空間を共有しながら，「私の前に現れてくれてありがとう」「出会えてよかったね」と，言える自分を維持できることが，私にとってのプレイセラピーの要点である。問題解決を求める親と子にかかわることの責任の重さを知り，適切なアセスメントの力や現状を切り抜けるためのスキルなどを高めることが，重要であることはいうまでもないが，悩みや傷つきを抱える子どもたちと出会い続ける意味を自分の中に見定めておくことが，方法に迷ったり，理解の仕方がぶれたりすることなく，安定した取り組みを続けるための基盤であると知っておきたい。

文　献

村瀬嘉代子・青木省三　2000　心理療法の基本―日常臨床のための提言―　金剛出版
村瀬嘉代子他　2006　心理臨床という営み―生きるということと病むということ―　金剛出版
渡辺久子　2000　母子臨床と世代間伝達　金剛出版

4

ゲシュタルト・ワークによる自己疎外からの回復過程

井上文彦

1. はじめに

　ゲシュタルト療法は，個人セラピーとしても行われるが，グループで行われることが多い。しかしTグループやエンカウンター・グループのようにグループ・ダイナミックスやメンバー間のかかわりを重視するよりは，グループの中でセラピストとクライアントの個人セラピーを中心に展開されるところに特色がある。

　筆者は，あるカウンセリング研究会から依頼を受けて，ゲシュタルト療法に基づくカウンセラー・トレーニングを行った。参加者は，ゲシュタルト・セラピストを目指しているのではなく，カウンセラーとしての技量の向上と自分の課題と取り組むためにゲシュタルト療法を体験することを目的として参加している。

　本章では，その中の1人の参加者（クライアントAとする）に焦点をあてる。Aは，外との関係では他者からの期待の重圧に苦しみ，内では対人関係での傷つきや建て前と本音の葛藤を抱えていた。Aが取り組んだゲシュタルト・ワークを具体的に報告し，ゲシュタルト・ワークを経験することでAは何を成し遂げたのかについて検討を加えたい。

　Aは，自分の行ったワークの綿密な記録を作成している。今回この執筆に当たって，ケースとしてとりあげることの承諾とともに，その記録の提供を受けたので，筆者の記録と突き合わせしながら，記述していきたい。なお，プライ

バシーの保護のため，記述には一定の配慮を加えてあることをお断りしておきたい。

Aの発言は「　」内に，セラピスト（以下Th）のそれは＜＞内に，状況や語句の説明は（　）内に示す。

2. 事例の概要

2-1. クライアントについて
①クライアント：A　男性　48歳　牧師　カウンセラー
②家族：妻，息子2人の4人家族
③課題：最初のセッションで書いてもらった「自己への手紙」をまとめると，Aの課題は次の3点に要約できる。
・権威ある人に対して，抵抗する力を育てる。
・対人関係で傷ついた部分が癒えていない。
・家族との気持ちのつながりが薄れている。

2-2. グループについて
①グループの構成：何らかのカウンセラー資格をもち，いろんな機関で実践を行っている女性6名，男性2名の計8名からなるクローズド・グループ。
②セッション数：1セッション2時間30分を基準にして，50セッションを行った。
③訓練期間：X年3月からX＋1年3月までの間に，2泊3日（5～6セッション）を8回，3泊4日（8セッション）を1回，計9回の合宿方式で行った。
④枠組み：筆者自身が経験したゲシュタルト療法の基礎訓練（倉戸ヨシヤ氏が主宰する日本ゲシュタルト療法研究所の50セッション，125時間訓練）のやり方を踏襲した。
⑤プログラム：ゲシュタルト療法の理論に関する講義，気づきを促す実習，そして各人が自分の課題に取り組む個人ワークが3本の柱であるが，その中心は個人ワークにある。

3. ゲシュタルト・ワークの具体的展開

　Aは，この訓練期間中に多くのワークを行った。それぞれが意味のあるワークだが，枚数の関係でそのいくつかを割愛せざるをえない。ここではそれらの中からAが自分で掲げた課題につながるワークをA自身の綿密な記録を基にして具体的に示したい。

3-1. ワーク1：イメージ法「バラの木」(セッション5)
　Aが自分の課題に結びつくワークを初めて行ったのは，「バラの木」になりきって自分を表現するイメージ・ワークであった。ゲシュタルト流のイメージ法は，イメージを解釈するのではなく，イメージを生きるのである。
A　私は大きな花びらが咲いているバラです。私はでも茎の途中から見えないバラです。私は早く咲きすぎて，花の重さで落ちてしまいそうなバラです。
Th　茎の下が見えないのは，どんな感じですか。
A　私は空虚，中味がありません。だからとても不安です。力が湧いてきません。緊張していてしんどいです。
　ここでThが＜その気持ちを具体的に誰かに伝えたいか＞と問うと，「教団の理事長に」と言うので，＜理事長をエンプティ・チェア（イメージ上の自分や他者を座らせて対話するための空の椅子）に置いてあなたの気持ちを伝えてみないか＞と勧める。
A　理事長，選挙で理事に選出されて以来，緊張してとてもしんどいです。だから辞めたいです。私にはまだ早すぎます。自分の力が伴っていません。緊張して，とてもしんどいです。仕事は嫌じゃないですが，重すぎます。
　Thには実感が伝わってこないので，＜伝えきれていますか＞と問うと，「いや，言いきれてない。理事長は尊敬している人ですし，お世話にもなりました。それに誰よりも期待してくれています。でもそれがプレッシャーになっていて。理事長を裏切ることになってしまいそうで……それも辛い」と言う。そこで＜今度はしんどいと言っている自分をエンプティ・チェアに置いて，「期待に応

えねばという自分」から「しんどいという自分」に伝えてみませんか＞と促す。

A　しんどいと言っているけれど，みんなそうして鍛えられて経験を積んで成長する。それは自分を大きくするチャンスじゃないか。頑張れ。小さくなって辞めようなんていつも考えて卑怯じゃないか。逃げてるじゃないか。

Th が＜逃げてると言われてどうですか。「しんどいという自分」の席に代わってみませんか＞と勧める。その席から責める自分に「逃げてるわけじゃないけれど……しんどい」と言う。＜あなたとしてはどうしたいのかな＞と聞くと「辞めたい。でも選挙というシステムで選ばれるからどうしようもない」と言うので，「辞めたい」自分になってもらう。「私は辞める……。でもそこまで強くは言いきれない。選んだ人の期待を裏切る。そういう前例もないし」と言う。そこで Th が＜辞められないなら，どんなことが選択できるのかな＞と聞くと，「グチグチ言ってるか，いい加減な仕事やるか，気を入れ直してやるか。グチグチ言ってるのも嫌。いい加減な仕事をやるのも嫌。気を入れ直してやるといってもしんどい。私になっていくつかやり遂げた仕事もあり，評価されているけど，やればやるほど次にまた期待される」とはっきりしない。そこで Th が「辞めたがっている A」になってその席に座り，「期待に応えねばという A」に向かって直接強い調子で話しかけた。＜何をグチグチ言ってるのか。潔く辞めるなら辞めるで気持ちを固めろ。何が理事長の顔を潰すだの，期待を裏切るだの言っているのだ。その前に自分が潰れてしまったらどうなる。また他の機会にお役に立つならそのときにお役に立ちたいと言えば済むこと。だいたい選挙で選ばれたからといって，はっきり断ったのか。自分で引き受けたのだろう。お前は10年早い！＞と一喝する。すると A は「その通り，まだ早い。本当にそう思っている」と答える。もう一度 Th が＜じゃあ，早くきっぱりと辞めますと言えばいい。何を迷っている。理事の職に未練があるのか。エリートの道だからだろう＞とあえてきついことを言うと，「それはない。未練はない。肩書きがしんどい」ときっぱりと言う。そして「Th みたいにはっきり言えたら」と言うので，それを「辞めたい自分」に伝えるように勧める。

A　そこまではっきり言えたらどんなに楽か。俺もそうしたい。それはものす

ごく勇気がいるぞ。そんなこと俺に言えるか。無理。臆病な俺にできない。

　Aは，力のこもった声ではっきりと伝える。そしてすぐにThに向かって「やっぱり他の問題じゃないですね。選挙のシステムとか理事長の顔色だとか。自分の問題ですね。前は嫌われるのが怖かったけれど，今は嫌われてもいいと思えるようになった。でも今は，はっきりと辞めると言う勇気がない，臆病だから」と言う。Thが＜じゃあ，今はそのことを改めて引き受けますか＞と聞くと，「引き受けるしかない。でもしんどい。どうしたらもう少し楽になれるかな。私の仕事の仕方が緻密すぎる。他の理事はもっとリラックスしている。そこまで要求してないのに構えすぎている」と言う。Thが「構えすぎている自分」に向かって言ってみてと言うと，「お前はだいたい構えすぎ。だから緊張してしまう。完全を求めてしまっている。失敗を怖れている。みんなよくやってくれていると認めている。みんな感謝している。失敗しても誰も責めない。守ってくれる。みんな仲間じゃないか。誰も非難して責めようとしていない」と語りかける。Thが＜これまでは周りが敵に見えてしまっていたのかな＞と聞くと，「そうですね。周りが敵に見えていたから，だから自分を守ろうと構えてしまっていたみたい」と言う。一段落したようなので＜いま何を経験していますか＞と聞くと，「何か肩の力が抜けて楽になりました」と言う。ここでもう一度，バラに戻ってもらう。

A　私はバラです。でもまだ茎から下は見えないバラです。少し緑色がついてきましたが……。でも私はバラじゃない。

「私はバラじゃない」というのを何度か言ってもらってから＜言ってみてどうですか＞と聞くと，「やっぱり私はバラじゃない」と言う。では何かと問うと，「私はタンポポです。バラなんかじゃない。バラは嫌だ」ときっぱりと言いきる。＜いま何を経験していますか＞と聞くと，「はっきりと全部の姿が見えます。花も茎も葉っぱも地面も」と言う。＜ではタンポポのAさんから理事長に言ってみてください＞と促す。

A　理事長，私は辞めたいです。でも臆病だからはっきりと断れなくて，今は理事の仕事をせざるをえません。でも私はバラじゃない。バラになれないし，なりたくもない。嫌です。私はバラじゃなくてタンポポだからタ

ンポポとして仕事をします。それしかできないし，それが自分。それで駄目なら選挙で落としてもらっていい。むしろそのことを願っている。もう一度言います。俺はバラじゃない。バラになりたくない。

＜言ってみてどうでしたか＞と聞くと，「自分で納得できてうれしいです」と涙ぐみながら言う。終われるかどうかを確認して終了。

3-2. ワーク2：個人ワーク「信者への怒り」（セッション14）

3回目の合宿で，Aは「自分への手紙」の中で課題の1つにあげていた「対人関係で傷ついた部分が癒えていない」ことに取り組む個人ワークを希望した。

教会から離れたQという女性信者に対して「怒り，寂しさなど色々な気持ちがあり，1年経ってもすっきりしない」と言う。AにとってQは「10年近く信頼していた人で片腕とさえ思っていた」存在だったが，「幼児たちのいる友人たちを教会に導きたく，設備やスタッフのいる大きい教会に突然，一枚の手紙を出して替わってしまった」とのこと。Thは，＜Qさんに対して言いたいことを言ってみませんか＞とエンプティ・チェアを勧める。

A　あなたのやり方は卑怯だ。あまりに唐突すぎる。幼児たちの受け入れについてみんなも真剣に話し合っていたのに，あんな心のこもっていない手紙一枚で，教会を替わるとはショックで寂しい。

Th　私は寂しいとはっきり言ってみましょう。

A　私は寂しい。みんなも傷ついている。今までの十数年はいったい何だったんだろう。あんなやり方はルール違反で汚い。だから私は赦せない。

Aは言葉では赦せないと言うが，感情がこもっていないので，Thが＜「私はあなたを赦さない」とはっきり言ってみましょう＞と促す。Aは「私はあなたを赦さない」と繰り返すが，すぐに「何か怒りきれない。大変良い人で，教会にも誠実に尽くしてくれたし，個人的にも好きな人。恨みきれない」と言う。それからAは自分で別の椅子を持ってきて，「赦し」と名づけ，そこに座る。

A　Qさん，あなたが理由を説明して手続きをちゃんと踏めば，私は他の教会にあなたを喜んで送り出した。性急すぎる。あんたは好きだけど，あのやり方には腹が立つ。

ここでThは，女性参加者のBに＜Qさんになって，この椅子に後ろ向きに座ってください。Aさんはぐだぐだ言ってるけれど迫力がない。Aさんの怒りが心に響いたら振り返って何か言ってください＞と頼む。Aは「Qさん，あんたのやり方は汚い。ありゃ，ひどいよ」とQの役割をしているBの背中に向かって言うが，怒りきれてないようで，冷めた表情をする。それからたくさんの椅子を並べて，それぞれに「赦し」「自分が悪いのかな」「寂しい」「怒り」「謝れ」と書いていく。そして「怒りの椅子が奥の方にあって，Qさんまで遠い。色々な思いが邪魔して怒りが出せない」と言う。

Th　もし怒りがないのなら，それはそれでいいのですよ。赦せますか。
A　怒りはある。大きな怒りじゃないけれどある。根深い。この怒りを持ったままじゃ，本当に赦せない。嘘になる。
Th　怒りを味わってください。何に怒っているのでしょう。さっきからQさんとQさんのやり方と2つに分けていますが，Qさんとしてまとめて言ってみませんか。
A　Qさん，あなたは裏切り者だよ。

　それを聞いたQ役のBは「迫力がない。怒りが伝わってこない。私も悪いと思っているから，きちっと怒ってくれた方が気が楽になる。私も怒りが出せる。中途半端」とフィードバックする。Aは立ち上がってBの背中をぽんと叩きながら，前に座り，正面を向く。

A　Qさん。あんたのやり方は間違っている。あんなやり方はクリスチャンのする態度じゃない。みんなも傷ついている。あんたは裏切り者だ。謝れ。そんな態度でいいと思っているのか。このまま過ごすつもりか。

　Thは＜顔が笑っている。迫力がない。お説教しているようだ＞とAに伝える。Bも「肩をぽんぽんされて，いったい何。全然響かない」ともう一度フィードバック。Thは突然，Aになったつもりで Bを指さして＜お前は裏切り者だ！＞と一喝する。迫力が伝わったのか，Bが思わず，「ごめんなさい」と謝る。Aはもう一度「お前は裏切り者だ。あんたは裏切り者だ。汚い，卑怯だ」とやり直すが，Thは＜顔がまだ笑っている。演技にしても下手くそ＞と返す。するとAは「Thみたいには怒れない。そこまでやらないととなるともうしんどい。もういい，あんたの顔も見たくない。もういい，あっちへ行け。来る

な！　そう言って無視した方がまだ楽」と言う。
Th　怒っている自分と怒れない自分の2つの椅子を置きます。怒っている自分から怒れない自分に言いたいことを言ってみてください。
A　何で怒らないんだ。あんなに誠実に尽くしてきたのに裏切られて，悔しくないのか。
Th　怒れないあなたは何と答えますか。
A　怒る姿はみっともない。ばからしい。見苦しい。怒らなくてもやってゆけるじゃないか。怒る必要などない。

　Th が，言ってみてどうかと聞くと「怒ることを避けてきた」と言うので，「僕は怒ることを避けてる」とグループのみんなに言うように促す。
A　（みんなを見回して）俺は怒ることを避けている。怒ると相手も怒ってくる。それが怖い。勇気がないから。臆病だから。
Th　何を経験していますか。
A　今まで本気で怒ったことがない。叱ったことはあるが，怒ったことがない。切れた自分がわからない。どうなるか怖い。

　Th が＜では Q さんを赦せますか＞と聞くと，「いえ，それは嘘になる。確かに怒りがある。1年経ったので，少しずつ赦して和解して電話をかけて話もしたい。でもまだできない。Q さんは真実な関係をこれからも保ちたい人。だから怒りをもったまま，表面的に仲直りをしたくない。心の中で怒りをちゃんと処理してから向き合いたい」と言う。Th が＜十数年にわたって信頼していた人から裏切られたのですから，腹が立って当たり前ですよね。自分の中の怒りを認めることができますか＞と聞くと，A は椅子を2つ持ってきて，自分の椅子の両脇に置く。そして「真ん中に自分。右に「赦す」自分。左に「怒る」自分。この両サイドを両手で包み込む新しい自分がいる。怒りも私の大切な一部であり，自分の中に取り込みたい」と話す。Th が怒りの椅子をわざと引き離すと，A は直ぐに取り戻しに行って「これは大切な自分です」と言う。今の気持ちを確かめると「椅子がなくなったとき，大きな空白感を覚えました。安定がなくなった。赦す自分だけで生きてきてたような気がします。怒りが隣にある自分もこれからの自分。今，2つを持って「どっしり」としています」と言う。Th が＜本当に今はどっしりとされていますね。何に対して怒っているの

か，はっきりしないと「地」のままとなり，他の感情と融合してしまう。十数年，一緒にやってきたのに離れていく。怒りがあって当然。その怒りを認めることができますか＞と聞くと，「今，改めてくそっという思いが湧いてきました。クソ！　赦せない」と怒りを込めて叫ぶ。その後「今まで，もういいといって背を向けていた」と気づきを話す。

　Aはワークをした後の感想を「改めて怒りを経験してこなかった自分の人生を振り返ることができた。怒ることは見苦しいというのは防衛なのか自分の美意識なのか。怒ることを避けている自分を覚える」と書き留めている。

3-3．ワーク３：ドリーム・ワーク「白い顔の女」（セッション23）

　Aがドリーム・ワークをしたいと申し出たので，まずどんな夢かを聞く。その後＜では，今度は「私は」をつけて，いま・ここで経験しているかのように現在形でもう一度話してみてください＞と伝える。ゲシュタルト療法のドリーム・ワークは，Thが解釈や分析をするのではなく，夢を再体験してもらう。

A　私は歩いています。たくさんの女性の中に，白い大きな顔をした女性がいます。その人は無表情です。その人に見つめられています。見透かされているようです。不気味です。怖いです。

Th　じゃあ，そのことを直接女性に伝えてみてください。

A　私は，あなたが無表情で，見透かされているようで怖いです。

Th　あなたの何を見透かされていそうですか。

A　私がエロティックなことを考えていること。私が汚い人間であること。

Th　じゃあ，そのことを伝えてください。

A　はい，その通りです。私は汚い心です。否定しません，認めます。

Th　あっ，そのことを認めているんですね。ではもう一度はっきりと伝えてみませんか。

A　私はあなたが怖いです。何か言いたいならば，はっきりと言ってください。

Th　言ってみて今，どうですか。

A　ちゃんと言いきれています。無表情だったのが少し和らぎました。

Th　他の女性たちはどうなっていますか。

A　私の周りを取り囲んで，色々と裁いて批判しています。

　ここでThは，女性メンバーにAの周りを囲んでもらい，口々に裁いたり，責めたりしてもらう。Aはその真ん中で立ち往生。耳がピクッとする。女性たちが「それでも牧師かしら，いやらしい」「信じられない」「偽善者ね」と言うのを聞いて，Aは座り込んでしまう。立ち上がっては座り込むことを繰り返す。＜今度は女性たちに一列に並んでもらうので，1人1人に呼びかけてください＞と言うと，「私はこんな人間です。こんな牧師です。それでも赦して一緒に来てほしい」と言う。Thが＜今の言葉が心に届いた人は，前に出てください＞と言うが，誰も動かない。もう一度チャレンジするように促す。

A　もう一回しか言わない。こんな僕だけれど，それでも一緒に来てくれる人だけ来て下さい。そうじゃなければ構わない。何度も言いたくない。

　Aには後ろを向いて待ってもらうが，誰も来ない。Aにどうかと聞くと，「誰も来てくれなくて当然のような気がします」と言う。女性たちにどのように感じたのか，フィードバックしてもらうと，「いい格好して，心に伝わってこない」「自分の汚さを赦していないAさんの側では私も赦してもらえない」「赦すとか赦さないとかという問題じゃない」「エロティックなことが汚いということが理解できない」「こんな者でも牧師としてやっていきますと，もっとはっきりと伝えてほしい」という反応が返ってきた。それを聞いてAは「私の中に大きな戸惑いがあります。皆さんが，そんな牧師は駄目だと言うと思っていた。自分でそのように決めつけていた。意外な気がしている」と言う。＜では今のあなたでもう一度，呼びかけてみませんか＞と勧めるが，「何か，言いきれない。そこまでしなくてもいいという自分と一緒にやっていきたい自分がいて，バラバラの感覚」と言う。そこでThは＜「こんな私でもついてきてほしいという自分」と，「こんな自分なんだからもうついてこなくてもいいという自分」とを座布団で分けて表してみましょう＞と促す。Aは，「もうついてこなくていいという自分」の座布団を遠くに置き，「一緒についてきてほしいという自分」の座布団は女性たちの側に置く。それぞれに座ってみる。女性たちのすぐ側に座布団を置き直して座る。そして「ついてきてほしい」と声に出すと途中から涙がこぼれ始める。涙ながらに必死で語る。4人のメンバーが移動するが，CとDの2人が残る。Thがその2人にも伝えるように言うと，「も

う涙が出ない。頭で説明している自分に戻っている。Cさんには通じないだろうと思う。心の中にもういいだろうという思いが出てきている」と言う。＜そのことをCさんに伝えましょう＞と促す。

A　じゃあ，もういいです。あなたについてきてほしいとは思わない。Dさん，あなたももういいです。
Th　それでいいのでしょうか。遠くの座布団に座って，この2人にもう一度言ってみてください。
A　もういい，別についてこなくていい。

ここでThは＜今，何を経験していますか＞と問うと，「この2人の背後に母を感じています」と言う。そこで2人の後ろに母親役としてBに座ってもらい，母親に話しかけるように言う。

A　お母ちゃん，何でそこにいるのや。ここに来るべきやろう。母親は子供を最優先で愛すべきやろう。
Th　そんな他人行儀に言わなくて，お母ちゃん，ここへ来て！
A　お母ちゃん，ここへ来て。いや……。何かが違う。もう一度言います。いや，来んでええ。あっちへ行け。嫌いや。汚らわしい。汚い。側に来るな。向こうへ行け。来るな。（ThはBを近づける）いらん，来るな。あっちへ行け。側に寄るな。（Aは背中を向けて逃げる）
Th　はっきりと言いましょう。お母ちゃんは汚い。A牧師も汚い。

Aは「お母ちゃんは汚い。A牧師も汚い」と繰り返す。今の経験を聞くと，「母のこと，本当は好きなんです」と言う。＜いまなら，好きなお母さんに何といいますか＞と聞くと「お母ちゃん……」と言ってBを抱く。「でも，ちょっと待ってね。今，気づいた」とBから離れて，クッションの前に座る。「お母ちゃん，俺はもう赦している。でもやり残したことがある。ちょっと痛いけど我慢してや」と言って，クッションを張り手で思い切り殴りつける。＜一回だけでいいですか＞と聞くと，「はい，十分です。やり残していたことはこれでした。これで気持ちの整理ができました。母さん，痛かったかな。もうすっきりしたよ」と言う。＜ここにまだ汚い自分がいます。そんな汚い自分では駄目だと言う自分もいます。汚い自分にどう言いますか＞と問いかけると，「汚い自分をもう少しくっつけます。こういう汚い私も私です。これも私です。A

です。汚れた自分も引き離しません。距離が何かなくなってきました。ああ，わかりました。夢の中に出てきたもう1人の男性はもう1人の私です。汚い私です。周りの人たちから非難されていた。そんな自分を見捨てていた。裏切っていたんです。だから裏切り者と言ってたんです」と夢からのメッセージへの気づきを深めていく。男性メンバーのEにもう1人の男性役をしてもらい，周囲の女性たちに「汚い，最低」と非難し，攻撃してもらう。Aがその近くを通り過ぎようとすると，Eが，「A, 裏切り者，俺を見捨てるのか」と叫ぶ。Aはすぐに走り寄って「誰が見捨てるか。お前は大事や」と言いながら，Eを抱きしめる。

Th　じゃあ，もう1人の自分をしっかりと抱いて，周りの人に言ってみてください。

A　これが私です。ありのままの私です。この私で生きてゆくしかありません。もう少し汚い，いやらしいありのままの自分を出していきます。

ワーク終了後の分かちあいのときに，Aは「母への怒りが一発殴ることでケリがついた。急に母への怒りが出て，一段落ついた。汚い母に自分を投影していることに気づいた。母と同一視している。その自分が赦せない。汚い母を受け入れることができたら，自分も受け入れることができる。赦すか赦さないかではなく，受け入れるか受け入れないか。母とこれで一緒になれた。汚い自分を受け入れることができた」と話す。

4. 考　　察

4-1. クライアントの自己疎外状況

Aは，牧師として，カウンセラーとして立派に活躍している社会人である。しかし現代人の多くがそうであるように，Aも組織や家族との関係で，また人間関係の中で，重圧を感じたり傷ついたりしても，率直に自己主張したり，怒りや無念さなどの感情表出ができずにいた。そして他者の期待を取り込んで，それに応えられない自分に無力感や罪責感を覚え，心と体の一体感を感じることができないでいた。これは，Aがまさに自分を統合された存在として感じることができない自己疎外（self-alienation）の状態にあるといえよう。

ここでいう自己疎外とは,「知覚された感情が有機体全体として統合（ゲシュタルト）されることなく,むしろ,有機体内で感情と身体と各々バラバラに,あるいは,食い違って裏腹に経験される現象（倉戸,1983）」を意味している。それを克服して自分を取り戻すためには,どのような感情であれ,自分のものとして受け入れ,生き直す必要がある。

4-2. 自己疎外からの回復過程
①不確定な接触境界の明確化
「バラの木」に同一化して自分を表現するイメージ・ワークで,Aは自分を「大きな花びらが咲いているバラ」としながらも,「茎の途中から見え」ず,「空虚,中味が」ないので,「とても不安です。力が湧いてきません。緊張していてしんどい」と今の自分の状況をバラに投影して語っている。そこにはAの心身の不統合,地に足がついてない不安定な状態が,よく表現されている。そしてワークが展開するにつれて,Aを理事に選んだ人の期待を裏切ったり,嫌われるのが怖いために,相手の要求を過剰に取り込ん（introjection）で,自分で自分を苦しめているAのあり方が明白になる。

これは他者の要求や期待を自分で納得して取り入れたのではなく,他者の要求に押されて,自分の中に取り込んだため,同化できないまま異物（foreign body）となった状態である。他者が自分の境界内に入り込んだため,Aの自己と外界との接点である接触境界（contact boundary）は,本来よりも内側に侵食された状態になり,本当の自分をやせ細らせる結果になっている。

接触境界の問題は,それだけではない。母親とのワークで明らかになったように,自分の汚い部分を認めることができずに「汚い母に自分を投影」していたために,自他の境界は「自分の都合のよいように,外界の方に侵入して,少し大目に引いている（Perls, 1973）」状態になっている。このようにAの自己疎外の基本的要因は,接触境界の曖昧さ,不確定さにある。

イメージ・ワークを通して,Aは「期待に応えねばという自分」（勝ち犬）と「しんどいという自分」（負け犬）に二分割（split）され,対立し,葛藤を起こしていることが明白になっていった。そして「私はタンポポです。バラなんかじゃない」という気づきは,Aにとって,他者に侵食されていた自他の境

界を元の位置まで押し戻し，接触境界を明確にする上で大きな意味をもった。

Aは後日の記録に「他者からの攻撃的，批判的な言葉が自分の中の自責感と呼応して，境界を破ってストレートに飛び込んできてしまう場合もあるが，「ストップ！」と意識的に声を出し，手で押し返す動作をすることで，まず断ち切り，ついで押し返すといった感覚で1人でワークすることもできるようになった」と書いている。これはAが，ゲシュタルト・ワークを経験してセルフ・サポートする力をつけたことを示している。

②疎外していた自己の統合

「信者への怒り」のワークで，Aは「怒れない自分」に取り組んだ。そしてこれまで「赦す自分だけで生きてきてた」Aが，ワークの最後には3つの椅子を並べて「真ん中に自分。右に「赦す」自分。左に「怒る」自分。この両サイドを両手で包み込む新しい自分がいる。怒りも私の大切な一部であり，自分の中に取り込みたい」と言い，これまで切り捨ててきた「怒る自分」をある程度自分の中に統合することができた。しかしAは後の記録に「課題があるとすれば，感情のまま，言葉が先に出てくるという「ほとばしる」ような「破れ」というか「自己解放」に力がまだない点である」と書いているが，感情のままに怒るのが「自己解放」ではなく，怒りなら怒りの感情を異物扱いせずにまずは自分のものとして経験することが求められる。

前項で少し触れたように，ドリーム・ワークで「汚い母に自分を投影していることに気づいた」Aは，疎外していた「汚い自分」を取り戻すワークを展開した。そして「これが私です。ありのままの私です。この私で生きてゆくしかありません。もう少し汚い，いやらしいありのままの自分を出していきます」と言えるまでに自己受容を深めている。Aにとって，母親に投影していた「汚い自分」を受け入れることは，「汚い母親」を赦すことと同じであり，母親との和解も果たしている。

③心身一体感の回復

先に述べたように，訓練開始当初のAは，「茎の途中から見えないバラ」であり，心身の不統合，地に足がついてない不安定な状態であった。しかし50セッションを終了するに当たって，エンプティ・チェアの自分に次のように語りかけている。「セッションで八坂の塔の石畳を歩いても足に力が入らなくて

だるくて重くて，そのくせ気持ちはふわふわしていた。足の底から力が抜けてゆくような疲労感，お腹に空洞感があってため息がもれ出るような無気力感を覚えていたが，この1年で膝から下，足の裏にもしっかり力が戻り，同じ石畳を歩いても足に伝わる石畳の実感がまったく異なり，1歩1歩，踏みしめてるぞ！という足の裏と心の一体感，心身の一体感を確かめることができたね」

　これは，自己疎外状況から出発したAが，ゲシュタルト・ワークを通して自分の課題に取り組み，バラバラだった心と体の統合を成し遂げたことを物語っている。

④グループ体験による認知転換

　Aが取り組みたい課題としてあげていた「家族との気持ちのつながりが薄れている」ことに関しては，このテーマで直接的にワークをすることはなかった。しかしAは記録には「私はどうも単独者，一匹狼的な感覚があり，何とかしたいと思っていた。というのは家内や子供たちは家族意識や一体感を求める思いが強くて，家族がさみしさを覚えていたからである。どうも私は集団やグループの中にいて同じことをするように求められると居心地の悪さを覚えてしまう。それでいながらみんなの中にいるのも好きという，アンビバレントな感覚がある。一体感を求めているようでそのじつ距離をとっているというようなつかみどころのなさがある。しかし今回は，良いか悪いかは別として，集団の中でも「孤」と「個」を楽しめる力があるからいいじゃないかと，言い換えができている自分がいて，これでもいいじゃないかと納得させることができていたように思う」と記している。

　ワークとして経験しなくても，1年間におよぶグループでのメンバーとの密度の濃いかかわり自体が，Aにとっては，ワーク体験に近いものとなり，ポジティブな認知転換をもたらしたと思われ，興味深い。

5．おわりに

　Aさんが自己疎外からの回復を遂げる上で，グループ・メンバーの存在は大きな力となった。ワークを展開する上でメンバーが様々な役割を取ってくれたことは，Aさんにとってだけでなく，セラピストにも大いに助けになった。メ

ンバーからのフィードバックもAさんの気づきを促し，深めるのに役立った。メンバーに感謝する。そして何よりも本事例報告を快諾し，記録まで提供してくれたAさんに感謝と敬意を表したい。

文　献

倉戸ヨシヤ　1983　ゲシュタルト・セラピーの人格論　関西カウンセリングセンター　p.12.

Perls, F. S.　1973　*The gestalt approach & eye witness to therapy*. Science and Behavior Books.　p.37.（倉戸ヨシヤ監訳／日高正宏・井上文彦・倉戸由紀子訳　1990　ゲシュタルト療法―その理論と実際―　ナカニシヤ出版　p.50.）

5
ディグニティ・セラピーという物語

小森康永

> 結末に至り，話をそのままの場所に置き去りにもせず，
> かつすべてを小奇麗にまとめようともしない話には，
> いまだかつて出会ったことがない。
> レアード・ハント

1. はじめに

　ディグニティ・セラピー（Dignity Therapy, 以下，DT）は，カナダのチョチノフ（Chochinov, 2005）によって提唱された，終末期患者の心理社会的および実存的苦痛に対処することを目的にした新しい介入法である。DTは，患者にとって最も重要な事柄，ないし一番憶えておいてほしい事柄について話すよう働きかける。面接は逐語記録され，編集されたうえで，患者が友人や家族に残せるように最終版が手渡される。本章は，本院において初めてDTに挑戦した肺がん，脳転移の女性についての報告である。DTとナラティヴ・セラピー（Narrative Therapy）とを比較することで，若干の考察を加えたい。

2. ディグニティ・セラピー

　DTでは，終末期患者の尊厳に焦点をあてた質問に答えてもらう面接を逐語記録し，それに編集を加えて，文書を作成する。それは，生成継承性文書と呼ばれ，患者が友人や家族に残せるよう意図されている。方法は，下記の通りである。
　1）本療法の説明および質問プロトコール（資料1）を手渡し，回答をイメ

ージしておいてもらう。

2) 1) の2, 3日後に, 30から60分の録音面接を施行。

3) 2) の2, 3日後に, 面接者が逐語録にしたうえで, まとめ上げた生成継承性文書を, 本人の前で朗読し, 本人とともに確認, 訂正を行う。

4) 3) で修正された最終版が, 本人に直接渡されるか郵送される。

5) 本人は, 愛する人々と文書を共有する。

チョチノフの研究では, カナダのウィニペグ, およびオーストラリアのパースにおいて入院中の末期がん患者および在宅緩和ケアを受けている人々100名が, 介入の前後において, 尊厳, 抑うつ, 苦悩, および希望のなさと, 目的保持感覚, 意味感, 死の願望, 生きる意思, および自殺可能性について検査を受けるよう依頼された。その結果, 76％が尊厳の上昇, 68％が目的保持感覚の上昇を, 67％が意味感の上昇, 47％が生きる意思の高まりを報告した。そして, 81％がDTは家族にとっても援助となったであろう, ないしなるであろうとも報告した。介入後では, 苦悩の著しい改善 ($p = .023$) と抑うつ症状の改善 ($p = .05$) が認められた。DTが家族をも援助するという発見は, 人生をより意味のあるものと感じること ($r = 0.480$; $p = .000$) や, 目的感をもっていること ($r = 0.562$; $p = .000$) と相関しており, 苦悩の軽減 ($r = 0.327$; $p = .001$) と生きる意思の高まり ($r = 0.387$; $p = .000$) をも伴っていたという。なお, 介入後には, 満足度評価も行われ, 参加者の91％がDTに満足したと報告されている。以上より, DTは, 終末期患者における苦悩と苦痛に対する新しい治療的介入として期待のもてるものだと提唱されている。

3. ナラティヴ・セラピー

ナラティヴ・セラピー（以下, NT）は, ホワイトとエプストン（White & Epston, 1990）の『物語としての家族』によって初めて世に問われた精神療法的アプローチである。そこには, 「問題が問題であり, 人や人間関係が問題ではない」という考え方を共有していこうという強い姿勢が貫かれている。よって, 問題があまりに支配的であるために, それと矛盾する徴候がまったくないかのようにクライアントが語るドミナント・ストーリーを書き換える技術以上

の思想性が知られている。

　NTは，患者の物語における矛盾に注目することによって他にはありようがないと思われていたことがらが受容される余地を開いていく前半と，それによって得られたオルタナティヴ・ストーリーを分厚くする後半に大きく分けて説明されることが，一般的である（Morgan, 2003）。

①**ドミナント・ストーリーを脱構築する**

　まず，個人と問題を概念的に分離する話し方が採用され，問題は，個人の中に同定されるのではなく，その外に同定される。問題が擬人化されることも多い（外在化する会話）。問題のストーリーの外側にあるか，それに矛盾する，生きられた経験のある側面（ユニークな結果）について質問が重ねられ，オルタナティヴ・ストーリーが導入される。ホワイトの「スニーキー・プー」がその代表である。

②**オルタナティヴ・ストーリーを分厚くする**

　オルタナティヴ・ストーリーの歴史を豊かに記述する会話としては，リ・メンバリングする会話が典型。ユニークな結果について「あなたがこう言うのを聞いて，一番驚かないのは，誰ですか？」と質問する。誰もいないのであれば，それは真に驚くべき達成であるが，もしも驚かない人がいるのであれば，その人は患者の気づいていなかった能力を昔から知っていたという話に展開する。ほかに，クライアントの問題解決に強い関心をもつ人々の集まり（関心コミュニティ）によって，オルタナティヴ・ストーリーの認証が期待される活動がある。たとえば，援助者とクライアント／家族が共同で，オルタナティヴな知識を蓄積していく取り組み（共同研究）（アンチ・キャンサー・リーグ，2006）や，問題がしみ込んでいるために今は抑えられているクライアントの人生のユニークな側面をリ・メンバリングする技術として，手紙書き運動がある。

　ターミナルケアにおいては，ヘツキとウィンスレイド（Hedtke & Winslade, 2004）が，リ・メンバリングを主たる技術として実践を報告している。そこでは，死が射程距離に入ったとき，そして死後においても，家族を中心とした愛する人々を集め，死にゆく人の思い出を構成していく会話が重要視されている。それは，象徴的不死を達成するための会話と呼べるだろう。

4. ケース

　患者さんは59歳の女性。山形県生まれ。生育歴に特記すべきことなし。キリスト教系の大学を卒業。現在の夫と結婚後，子どもを2人出産し，育て上げる。夫は定年退職し，現在，夫婦2人で暮らしている。長女，長男とも遠方で独立。05年に肺がんと診断され，脳転移も見つかる。06年5月15日に全脳照射のため，本院へ3週間の予定で入院。5月25日に「イライラする，気が短くなってきた」という主訴で精神腫瘍診療科に紹介となる。

　初回面接時，同症状は脳転移とストレスの両方によるものと説明した。しかし翌日回診時に，患者は，この時期にこそ，死を前にした会話をもちたいのに，夫にはその気がないので残念だと訴えられる。そこで，ディグニティ・セラピーがそれには役立つのではないかと持ちかけたところ，とても乗り気であったため，夫と主治医の了解を得て，29日にDTを導入。31日に録音面接をし，即日，逐語録とし，生成継承性文書にまとめる。6月2日の面接には，夫も希望されて同席。まずは，筆者が文書を2人の前で朗読。患者に，訂正する箇所の有無を訊ねると，以下の4点が指摘された。

　1)「夫」の表記を実名で統一してもらいたい。「息子」と「娘」は，そのままでよい。

　2)「お母さんはクリスチャンで，気持ちが大きいから良かったね」より「気持ちが大きいから」を削除。

　3)「魂」は「霊」の字を使用。

　4) 聖書の引用部に，出典を明記。

　患者は大変満足し，夫とも喜びを分かちあっていた。指摘箇所訂正の上，家族4人分のプリントアウト（資料2）を手渡し，同日，予定通りの退院となった。主訴であるイライラと短気は，DT導入ごろよりまったく認められなくなった。

　以後，患者は海外旅行に行くなど，医療従事者の予想よりもはるかに長いあいだ思い通りに過ごし，念願の息子の結婚式に出た直後の07年11月に亡くなった。主治医もDTについて，「家族の支援が得られ，精神が成熟している人には非常に有意義な療法だと思う」と語った。

5. 考　　察

　DTが死にゆく患者と死についての会話を始める手がかりとして最適だと思われる理由について，整理しておきたい。まず，その面接構造がシンプルなことである。オリエンテーションは，ごく短時間で済み，患者は手渡された質問プロトコールについてイメージアップする時間を2日間ほど与えられ，語り残す内容の最終整理に入る。また，面接が1時間，逐語録作成に1時間，編集に1時間，そして，共同での文書修正に1時間の計4時間で，提示した文書が作成可能である。本人に対する安定化作用とその後の家族への援助作用を考えれば，非常に効率のよいアプローチといえよう。

　第二に，本例のように，患者は死について語りたいと望みながらも，家族が気乗りしないとき（日本ではかなり多いことが予想される），DTは，まず治療者と患者だけで文書を作り，それを後で家族と共有できるという緩衝的段階として利用可能である。欧米に比べ，がん告知の歴史の浅い日本では，死についての会話はまだまだタブーであり，家族を交えての死についての会話は，なかなか切り出すことが困難である。たとえば，ヘツキらは，死にゆく人との会話において5つの側面を提示している（1）記憶されるであろうことの予測，2）聴衆の選択，3）儀式のリ・メンバリング，4）死の話をすること，5）世代を超えたメンバーシップの広がり）が，DTでは，前半の2つがまずもって実践されるわけである。そして，後半については，文書の流布によって，自然発生的な会話が期待されている点で，日本の現状に合致したものといえよう。

　第三に，その質問内容が十分に吟味されていることである。チョチノフによれば，それは彼らの先行研究から得られた尊厳のテーマ（生成継承性，自己の継続，役割の保持，誇りの維持，希望，余波の心配，ケアの方向性）によって含意されるものだという。これは，自分史を辿るアプローチとは違い，現時点までの人生において自分が何を志向してきたのかを鮮やかに記述させる。それは，たとえば，ナラティヴ・セラピーにおける再著述質問において，「意図ないし目的，価値観・信念，希望と夢，生活原理，取り組み」の5層構造的に会話を進めるものと多く共通している（White, 2004）。

ここまでで，DT と NT とのあいだの共通性を指摘したが，本例で，さらにどのようなナラティヴな面接展開が可能であったかを考察してみよう。第一に，リ・メンバリング（Hedtke & Winslade, 2004）にまで面接が展開されたならば，どんな質問ができたのか？（文末の数字は，ヘツキらの提示した側面を示す）

・あなたが信仰から学んだことを家族が忘れないようにする上で役に立ってくれる人は，誰かいますか？②
・あなたのしていたことは，誰がどのように引き継いでくれるのでしょう？②
・あなたのことを思い出すために，どんな儀式が，続けられたら素敵だと思いますか？③
・あなたがどのように死に臨んだか，愛する人にどんなふうに語ってほしいですか？④
・あなたの病いとのつき合い方のうち，どんな点を家族が誇りにしてほしいですか？④
・あなたの最期をどのように憶えておいてほしいですか？④
・家族が死ぬ段になって，あなたの死の物語が何らかの助けになることを望みますか？ 何を学んでほしいですか？④
・これから生まれてくる世代の人たちに，どんなふうにあなたの物語を話してほしいですか？⑤

第二に，「信仰」を解明（White, 2004）するのに役立つかもしれない質問として，以下のようなものが考えられる。

1) 信仰の指標となるあり方や考え方について
　・信仰がごく身近にあると，あなたのすることにどのように影響しますか？
　・信仰は，あなたの人生をどのように形作りますか？
　・信仰は，あなたの人間関係において何を可能にしますか？
　・信仰は，人生におけるあなたの前進をどのように助けてくれますか？
　・信仰は，そのときどきのあなたの考えに，どのように影響しますか？

2) 信仰と患者自身との関係について
　・あなたはどのようにして信仰との結びつきをずっと維持できたのか，おわかりですか？

・人生において信仰との結びつきを奪われそうになったときは，ありましたか？
・信仰との結びつきを維持するために，あなたはどんな手段を取ったのですか？

3）患者の信仰をずっと支えてきたものについて
・ここ数年間，信仰を支えていたものについて，何か考えはありますか？
・たとえば，信仰に，何か希望を寄せていましたか？
・どんな希望が信仰を支えていたのか，少し話してくれませんか？
・再々蒸し返される出来事にあなたが甘んじることがなかったのは，どのようにして可能だったのでしょう？
・別の人生がありえるというアイデアには，どのように導かれたのですか？

以上のように，NT は，DT を内包しながら，さらに患者の物語を分厚くしていくことに貢献する。どのようなアプローチを選択するのかという次元とは別に，いかなる臨床においても，よりナラティヴな治療というものが存在するのだ。

文 献

アンチ・キャンサー・リーグ http://www.pref.aichi.jp/cancer-center/200/235/index.html

Chochinov, H. M., Hack, T., Hassard, T., Kristjansow, L. J., McClement, S. & Harlos, M. 2005 Dignity therapy : A novel psychotherapeutic intervention for patients near the end of life. *Journal of Clinical Oncology*, **23**, 5520-5525.

Hedtke, L. & Winslade, J. 2004 *Re-membering lives. Baywood*, New York.（小森康永・石井千賀子・奥野 光訳 2005 人生のリ・メンバリング 金剛出版）

Morgan, A. 2000 *What is narrative therapy?* Dulwich Centre Publications, Adelaide, South Australia.（小森康永・上田牧子訳 2002 ナラティヴ・セラピーって何？ 金剛出版）

White, M. 2004 *Narrative practice and exotic lives.* Dulwich Centre Publications, Adelaide, South Australia.（小森康永監訳 2007 ナラティヴ・プラクティスとエキゾチックな人生 金剛出版）

White, M. & Epston, D. 1990 Narrative means to therapeutic ends. New York : Norton.（小森康永訳 1992 物語としての家族 金剛出版）

資料1：「ディグニティ・セラピー」のおすすめ

　ディグニティ・セラピーの「ディグニティ」とは，尊厳という意味です。
　この取り組みは，重い病いを患われている患者さんたちに，これまでの人生を振り返り，自分にとって最も大切になったことをあきらかにしたり，周りの人々に一番憶えておいてほしいものについて話す機会を提供するものです。
　カナダのウィニペグ市にあるマニトバ大学精神科教授，チョチノフ博士によって考案されました。
　実際には，患者さんは9つの質問に沿って，愛する家族や友人に言い残しておきたいことを語ります。それはテープに録音され，逐語録を基に，面接者が文書を作成します。そして，それを一度，ご本人の前で読み上げ，訂正を加えて頂いた後，郵送ないし直接にお渡しすることになっています。
　予定は，下記の通りです。
1　本療法の説明，および質問原案のお渡し。患者さんは，それを読んで，次回の録音面接で話す内容をイメージしておきます。
2　1の2，3日後に録音面接を行います。
3　2の2，3日後の面接で，面接者がまとめて書き上げた文書を朗読し，ご本人とともに確認，訂正を行います。
4　3での手直しされ清書された文書が，郵送ないし手渡しされます。
　より多くの患者さんが，本療法に挑戦され，満足が得られることを願います。さらに具体的にお知りになりたい方は，以下のサイトをご覧下さい。
http://www.pref.aichi.jp/cancer-center/200/235/index.html

2006年5月

　　　　　　　　　　　　　　　　　　　愛知県がんセンター　中央病院
　　　　　　　　　　　　　　　　　　　　　緩和ケア部精神腫瘍診療科
　　　　　　　　　　　　　　　　　　　　　　　　　　　　小森康永

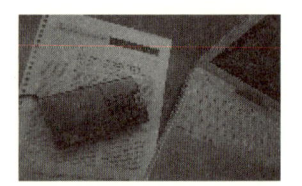

ディグニティ・セラピーの質問

1　あなたの人生において，特に，あなたが一番憶えていること，最も大切だと考えていることは，どんなことでしょう？
あなたが一番生き生きしていたと思うのは，いつ頃ですか？

2　あなた自身について家族に知っておいてほしいこととか，家族に憶えておいてほしいことが，何か特別にありますか？

3　（家族としての役割，職業上の役割，そして地域での役割などで）あなたが人生において果たした役割のうち最も大切なものは，何でしょう？　なぜそれはあなたにとって重要なのでしょう。そして，その役割において，あなたは何を成し遂げたのだと思いますか？

4　あなたにとって最も重要な達成は，何でしょう？　何に一番誇りを感じていますか？

5　あなたが愛する人たちに言っておかなければならないと未だに感じていることとか，もう一度言っておきたいことが，ありますか？

6　愛する人たちに対するあなたの希望や夢は，どんなことでしょう？

7　あなたが人生から学んだことで，他の人たちに伝えておきたいことは，どんなことですか？
（息子，娘，夫／妻，両親などに）残しておきたいアドバイスないし導きの言葉は，どんなものでしょう？

8　将来，家族の役に立つように，残しておきたい言葉ないし指示などはありますか？

9　この永久記録を作るにあたって，含めておきたいものが他にありますか？

> 資料2：肺がん，脳転移のある59歳女性とのディグニティ・セラピー，生成継承性文書

Anti- Cancer
League

＊ http://www.pref.aichi.jp/cancer-center/200/235/index.html

　今，これから，あなたに読んでもらうことになった文書は，私が，愛知県がんセンターに入院していた今年の6月2日に，緩和ケアの一環として作成されたものです。これは，精神科医の小森先生との「ディグニティ・セラピー」（あなたの大切なものを大切な人に伝えるプログラム）の記録です。9つの質問に答えていく私たちの1時間弱の面接録音を逐語録にしたうえで，先生がそれをすこし編集してくれました。後日，私がそれに目を通し，最終版にしてあります。

　私の人生について一番憶えているのは，結婚して家族をもったことです。一番生き生きしていたのは，夢中で子育てしていたころかな。夫のお給料の中でやりくりして，子どもをしっかり育てて，というか，しっかりでなくても，心に弾力があるような子どもに育ってほしかった。結局，経済的にはある程度決まっているので，私たちがやれる中で精一杯やったら，それでいいと思っていました。貧乏じゃないけど，うちはうちって，夫と私は考え方が合っていたから，幸せでした。今も，幸せです。うちは，息子が高校の時から寮生活をしているから，それまでの15年くらい。ちゃんとというかな，そうじゃなくても，きちんと分別のある青少年になってくれるのを望んでいました。（中略）

　私自身について家族に憶えておいてほしいことは，息子も娘も夫も，私がクリスチャンだから，「僕たち，私たちは違うけど，お母さんはクリスチャンで良かったね」って。私は主を信じて，いつも祈っているから，私自身は，人生の憶えておくべきエピソードも色々あります。時間を特別もつわけじゃないけど，これは祈ってって感じ。聖書でっていうのが大きかった。がんになったときも，それを，私だから良かった。私だから，大きいプレゼントだって考えられたということはありますね。そのことを忘れずにいてほしい。

　（家族としての役割，職業上の役割，そして地域での役割などで）私が人生において果たした役割のうち最も大切なものは，何でしょうと訊かれました。私は，幸せだなって思うのは，今でも気もちのピタッと合うような友だちがいるということかな？何か役割を引き受けるときでも，助けてもらう感じ，自分が全部やるというわけでは

なくて、「もう助けてね」という感じですると、うまくいってきたの。家族や周りの人たちにお世話になることが多かった。自分が元気なときは一生懸命するけど、自分がこうしたからって、その人に返してもらわなくても、別のところから返ってくるでしょ？

　家族の中での役割というのは、最大かどうかはわからないけれど、精一杯しました。あなたはあなた、私は私ってところもあるから。私が嬉しかったのは、息子が寮生活していて、彼に何かしてあげられるかって考えたら、絵はがきを書くことくらいで、どうということはないけれど、でもしょっちゅう書いていたのね、そしたら息子が、もう高校生で「ええっー！？」っていう感じで思っているだろうに、寮では郵便が来るとこう横に並べるんですって、そしたら、そこの不良じゃないけど、そんな感じの子が「いいなあ、おまえんちは」って言ったんですって。「うちなんか、サラリーマンだし、あんな金持ちの学校へ入ったから、本当は分不相応なんだけど、友だちが『お前はいいな』って言って、渡してくれた」って。

　「あなたにとって最も重要な達成は、何でしょう？　何に一番誇りを感じていますか？」と聞かれたら、私、すぐ「それは、クリスチャンです！」と答えていました。1982年に洗礼受けてから、全然迷わず来れたことです。そう言ってから、「なんか嫌だ！　恥ずかしくなっちゃうわ」と付け足しました。クリスチャンになってよかったなあって感じ。命は、作られたんだって、やっぱり取られるときは取られるけど、主のものなんだと確信をもっていられること。クリスチャンでなかったらなんて、想像できません。

　クリスチャンになったきっかけは、夫のお父様が亡くなって、そのとき、私が義理の姉にすごく荒い言葉で接したことに自分でもすごく驚いて、私にもこんな悪い言葉があるんだって、その前から、なんとなく「婦人の友の会」に入っていたから、短大もミッションだったし。牧師先生のメッセージもよかった。

　でも、このあいだ、脳への放射線照射で15回のうちの10回目の日に、涙がこぼれました。それは、やっぱり、これで照射は終わりだし、最後だしってところかな。10回目でからだがだんだん下り坂になっていくでしょう？　あの時の涙っていうのは、どんな涙なんだろうな？　照射最後だっていうのと……こうやって頭壊れていったんだからって、私、頭の中に「がんちゃん」できているから、でも、わかんないな……からだボロボロだったから、同じようになったんだと思います。

　愛する人たちに言っておかなければならないと未だに感じていることとか、もう一度言っておきたいことは、そうね、夫は、まだ62歳だから、彼は彼なりに生活してほしいということ。子どもたちは2人ともシングルだけど、まあ、元気にやってくださいってことだけかな。

　愛する人たちに対する希望や夢は、淡々と生活してほしいということ。私の場合は、肺がんが転移して、やっぱり、あなたたちは、自分のことは自分で考えてやってほしいということですね。船橋のマンションは、夫が好きなようにリフォームして、自分

の好きなように住んだらいいって感じですね。私も，そこをああしてこうしてと色々考えたんだけど，まあいいかって。夫は好きなように，まあ心機一転切り替えてというのを望みます。リフォームしてさっぱりと奇麗にして住んでほしいというのがあります。お勘定のことは知らないけど（笑い）。

　私が人生から学んだことで，他の人たちに伝えておきたいことは，やっぱり，これです。「いつも喜んでいなさい。絶えず祈りなさい。すべてのことについて感謝しなさい。これがキリスト，イエスにあって，創造主があなたがたに望んでいることです」（第一テサロニテ　5:16 -18）。命を作ってくれた天のおとう様，創造主です。

　将来，家族の役に立つように，残しておきたい言葉は，このノート。終末期医療っていうので，抗がん剤も放射線も延命治療だからいいけど，人工呼吸器みたいな延命措置はいやです。

　最後に，先生が「この永久記録を作るにあたって，含めておきたいものが他にありますか？」と訊いてくれたので，私は，「今，思いつかない」って答えたんだけど，すぐ1つだけ，思い出したことがありました。夫の35周年リフレッシュタイムで家族4人で海外に旅行に行ったこと。今回も今年，最後だからとオーストラリアに行くとなったとき，息子と娘は2人とも無理して来てくれたのを，感謝しています。だって，普通いやじゃないですか。来ないでしょう？　でも，来てくれたことがすごく良かったなあ！！！　これ，最後に言って，先生に指摘されたんだけど，これって，私の感謝なんだね。こう言って，最後を締めくくることができて，とても嬉しかった。

2006年6月2日

追伸。この面接で使われた質問は，カナダのウィニペグに住む精神科医が作ったものだそうです。それで，始める前に先生と，昔，旅行でウィニペグに行ったんですよって話をしていたの。そうしたら，最後も，その旅行の話になって，まるで，ぐるっと一周して来たみたいな気もちでした。

6

内観療法におけるケース：
「医学モデル」と「成熟モデル」を中心に

真栄城輝明

1. はじめに

　内観は心理療法として用いられるとき，内観療法と称されるが，自己啓発や修行法として行う際には，内観法と呼ばれている。いったい両者はどう違うのか。それについては，すでに真栄城 (2005) に述べたのでここには繰り返すことは止そう。

　小文では，内観療法を適用した事例について述べることにする。その際に，「医学モデル」と「成熟モデル」の事例を取り上げた。ただし，内観療法にまったく不案内の読者にとっては，いきなり事例報告を見せられても戸惑ってしまうであろう，と思われたので紙幅の許す範囲で次のような内容について触れておいた。まず，創始者の吉本伊信による内観法の定義を紹介しつつ，内観療法発生の経緯を述べて，その後に，内観療法の定義についても紹介した。その他，本文だけでなく，欄外に若干ではあるが，内観独特の治療構造を記しておいた。もし，内観療法の具体的な技法や概論についてより詳しく知りたければ，内観センター (TEL 0743-54-9432) までお問い合わせされるとよい。

2. 吉本伊信による内観法の定義

　「内観とは，読んで字のごとく"内を観る"ということです」と，吉本 (1983) は自著『内観への招待』の中でそう述べているが，これ以上に単純で

明快な内観の定義が他にあるだろうか。何のために"内を観る"のかと言えば，「感謝報恩の気持で暮らせる，そういう心のすみかに大転換すること」だと吉本は言う。

すなわち，内観法は本来が悟りを開くための修業法なのである。その場合，内観は内観法と呼ばれてきた。

3. 内観療法発生の経緯

ところが，熱心な内観者の中に副産物を得て帰る人たちが現れた。副産物とは，まずは，症状の軽減や消失である。症状の種類はそれこそ多彩である。肩凝り・目眩・頭痛・吐き気に始まって腰痛・不明熱など，それこそ自律神経失調症にみられる身体症状はもとよりであるが，不安や恐怖を基底とする精神症状におよんで，内観によって消失あるいは軽減する人たちが現れたのである。

当初，吉本伊信は，内観によってもたらされる副産物を必要以上に喧伝したり，口外することを戒めていた。内観が単に「病を治すもの」として誤解されてしまうことを恐れていたからである。つまり，内観が河合 (1992) の言う「医学モデル」に限定されてしまうことを恐れたように思われる。一方，吉本は自らの転迷開悟（悟り）の瞬間に，「この喜びを世界中に伝えたい」という気持ちに到達したこともあって，内観の普及にかける意気込みには並々ならぬものがあった。吉本は病があろうとなかろうと，その気さえあればどんな人でも内観に招き入れた。そのため，人伝えに「病気の治療」を期待して，藁にもすがる思いの病人たちが来所するようになった。これまで副産物とされた症状の解決は，やがて主産物として期待されるようになったのである。そうなると，心身医学や精神医学が内観に注目するようになった。時を同じくして，臨床心理学も心理療法としての内観を考えるようになる。それは自然の流れであった。そんな時代の流れを感知したのであろう，中身に医学者や心理学者の論考を集めて，吉本伊信は内観の本を監修し，それに『心理療法としての内観』というタイトルを付して世に送り出している。1967年12月10日のことである。その後，1972年には医学書院から『内観療法』という本が出版されたのを皮切りに今日までに数々の「内観療法」の入門書や解説書が発刊されているが，その

ほとんどは医学モデルとしての内観の効果を記述してきた嫌いがあった。したがって，「内観療法は内観法の一部である」と考えている内観研究家（石井，2000；三木，1998）も少なくない。

ところが，心理療法としての内観には対症療法を超える何かがあると感じてきた心理臨床家は少なくない。筆者もその一人であるが，どのように内観療法を定義すべきなのか，思案に暮れていたところ，心理臨床家・河合隼雄の著作に出合って，目から鱗が落ちた。

4. 内観療法の定義[1]

「心理療法とは，悩みや問題の解決のために来談した人に対して，専門的な訓練を受けた者が，主として心理的な接近法によって，可能な限り来談者の全存在に対する配慮を持ちつつ，来談者が人生の過程を発見的に歩むのを援助すること，である」。

これは，河合（1992）が「心理療法序説」の中で述べた心理療法についての定義である。もちろん，これで心理療法のすべてを言い尽くしたとは述べてないが，定義としては必要でかつ十分な内容が盛り込まれているように思われる。そこで，河合に倣って内観療法の定義を考えてみた。心理療法を内観療法に置き換えた上で，内観にとって必要不可欠とされている「面接者自身の内観体験」と吉本が述べた「どんな逆境にあっても喜んで暮らせる心境」を盛り込んで，筆者なりに内観療法の定義を試みた。

すなわち，「内観療法とは，悩みや問題の解決のために来所した内観者に対して，自身も内観を体験し，内観に精通した専門家が，内観による接近法によって，可能な限り内観者の全存在に対する配慮を持ちつつ，内観者がこれまでの人生の過程を発見的に振り返り，それを基に現在の生活を幸せに感じて歩むことを援助すること，である」と。

内観療法の定義を河合に倣ったのにはわけがある。河合（1992）は「心理療

---

[1] この節は，拙著『心理療法としての内観』（朱鷺書房）の 264〜267 頁を参照しながら記述した。一部を抜粋して引用した箇所があることをお断りしておく。

法は現在においては，医学の領域をはるかに越えてしまっている」と指摘した上で，4つのモデルを提示してみせているからである。ここに詳しく述べることはしないが，医学モデル・教育モデル・成熟モデル・自然モデルがそれである。

ところで，河合は治療者の態度について「クライアントという存在に対して，できるだけ開いた態度で接し，クライアントの心の自由なはたらきを妨害しないと同時に，それによって生じる破壊性があまり強力にならぬように注意することである」と述べている。

これは内観の面接者にとっても留意すべき点ではあるが，他の心理療法と違って，内観には屏風[2]という枠があるだけでなく，内観者は与えられたテーマに沿って考えなければならない。そこで，内観法と内観療法の面接者にはその態度に若干の相違が出てくるように思われる。

たとえば，内観法の面接者が内観の法（きまり）に重点をおく傾向があるのに対して，とりわけ，心理療法出身の内観療法の面接者の場合，「クライアントという存在に対して，できるだけ開いた態度で接し」ようとするため，内観の法（きまり）よりも内観者に添うことを重視する傾向があるように思われる。これはしかし，どちらがよいとか悪いという問題ではなく，面接者としての自分の傾向をよく知っておくことが肝要であろう。

さて，これから事例の紹介に入っていくわけであるが，ここには「医学モデル」と「成熟モデル」の事例を対比的に紹介することにしよう。

5. 医学モデルとしての内観

既述したように医学モデルの特徴は，因果律によって事態を見ていくことにある。河合が紹介したフロイトを参考にして内観療法のそれを図示するならば，

---

[2] 内観室は和室である。内観者がやってくると部屋の隅には屏風が立てられる。すると，そこに畳半畳の空間ができる。その空間を内観では法座と呼んでいるが，そこに法座ができることによって，内観室全体の空気がピーンと張りつめたものに変わる。日常の世界が非日常の世界に変わってしまうのである。内観における屏風の効用についてあげるならば，非日常空間を創出する機能を真っ先に指摘したい。

以下のようになろう。

症状→内観作業→内観面接→情動を伴う自己反省→行動の変容→治癒

事例1　息子の不明熱に悩んだ38歳の母親・S子

　これは病院における事例である。ファースト・クライアントは，中学1年の息子（A太）であった。はじめS子は保護者として息子に付き添ってきただけである。初日は内科診察に時間がかかったため，初対面なのにそれほど多くの時間は取れなかった。一通りの面接を終え，次回の予約に話題が移ったとき，A太が「ぼくはこれ以上話すことはない」と言うので，母親のS子は「じゃ，私だけでもよければ相談したいのですが……」ということになった。そういういきさつで，母親がクライアントになった。

　来院時のA太の主訴は，不明熱[3]とそれが理由で不登校が始まったとのこと。これまで診て貰った医者に「心理的なものかもしれない」と言われたらしい。そこで，S子にしたら「いったい心理的なものとは何なのか？」と疑問に思ったようで，それを知りたくてカウンセリングを希望したと言うのである。

初回面接

　ここでは，S子が単独で来院したときを初回面接とした。実際には，息子に付き添ってきた日が初回なので2回目の面接なのであるが，S子のセラピーが開始されたという意味では，やはり初回面接の方がふさわしいだろう。

　さて，2度目のセッションである初回面接でも息子の話題から始まった。そこで，A太の既往歴を改めて訊くことになった。さらに，今回の症状発生の経過や家族歴についても訊いてみた。

　母親によると，出産は正常。子どものころから取り立てて大きな病気もせず，順調であったらしい。ただ，変わったことといえば10年間一緒に暮らしていた祖母の家を2年前に出て親子3人の生活になってから高熱が出るようになったという。確かに，幼少時にもときどき熱を出していたが，今回のように長引いているのは初めてであり，たいていは1週間くらいで下がっていた。中学に

---

[3]　不明熱とは「38度以上の熱が3週間以上持続し，1週間以上入院検査しても，原因が特定できない」場合につけられる病態名である。

入って1学期は普通に過ごしていたが，夏休み明けの2学期になって，登校前の朝になると急に発熱するようになる。小児科，内科を受診したが，身体的病変は発見されず，心理療法の担当者がいるという理由で，当院を紹介されてきた。祖父母と別居した話が出たところで，家族歴についても話題にしてみた。

A太は一人っ子である。祖父母には，随分と可愛がられたようだ。母親が勤めに出ていたこともあって，いわゆるおばあちゃん子として育っている。その祖母の家を嫁である母親が同居に耐えられないと言い出して，父親もそれに従う形で別居になる。A太にしてみれば，祖母との別れは辛いことであったが，誰もそのことを気に留めた者はいなかった。

母親のS子は，性格は明るく，活発で社交的なのは良いが，支配的で勝ち気なところがあった。それに比べ，父親は小心で従順な，口数の少ない人であり，S子にすればそれが頼りなくて不満のようであった。その不満の代償の結果が，A太への過干渉になっていたようだ。A太には知らされていないが，母親のS子は初婚であったが，父親は再婚である。妻子のある身で当時独身のS子と社内恋愛（不倫）が発展した結果，先妻とは離婚している。夫の両親（A太の祖父母）はS子との結婚に反対していたが，A太が生まれたのを機に2人の結婚を許して同居までしている。が，やはり，わだかまりは消えず，同居によってますます嫁姑の不仲は深刻になっていった。

A太はどちらかというと父親似のようで，小心で無口なほうである。面接場面においても，せいぜい二言三言の返事が返ってくる以外は寡黙であった。言語を介しての面接はもっぱら母親との間で行われている。

母親に内観療法を提案した理由

内観が提案されたのは，母親の話からA太の症状の背後に家族内葛藤がみてとれたことである。A太は言語を使っての自己表現が苦手のようであった。内観がまったく不可能とは思わないが，A太への内観は慎重であったほうがよいという判断があった。というのは，小児科における"解熱"を狙った対症療法の結果が"腹痛"を引き起こした，という母親の陳述から，"不明熱"の対症療法のみを急げば，おそらく新たな別の症状を作り出すだけで，問題の根本的な解決にはならない，と考えたからである。

そこで，われわれはA太の症状を解決するためには，A太の悩みのルーツを

辿る必要があった。嫁姑の不仲をきっかけとして，別居になってしまったが，それで問題が解消するどころか，夫婦の関係までギクシャクしてしまった。両親との別居を決行したものの，S子自身にも罪悪感があった。一方，夫への不信もあった。別れた先妻と隠れて会っているのでは，という疑念があったからである。しかし，負けず嫌いなS子は，プライドが邪魔するらしく，それを口に出しては言わなかった。S子に眠れない夜が続いた。頭痛と目眩が襲った。蕁麻疹とともに倦怠感まで覚えた。それを好機と捉え内観療法を提案した。

抵抗し，嫌がるかと思っていたのだが，なんと「仕事を休んでもいいので，ぜひやってみたい」と強い意欲を示したのは苦しい症状のお陰であった。

母親（S子）の内観療法の内容

内観は7泊8日で行われた。内観療法室は，和室になっており，内科病棟の一角に設置されている。トイレを中に備え，扉は遮音を目的に二重になっている。和室の片隅に屏風を立てて内観者（患者）は，その中で1週間過ごすことになる。食事の配膳と下膳は看護スタッフが担当し，食事の摂取量をカルテに記録することになっている。風呂は隔日になっており，約30分で入ってもらう。朝は6時の起床時に検温と血圧測定が実施されたあと，内観室の掃除を自分でやってもらう。1日7～8回の面接を1時間半～2時間置きに繰り返して最後の面接が20時45分頃にあり，それが済んで21時には消灯である。

S子の内観は，対象の人物として母親→父親→夫→姑に続いて夫の先妻に対しても調べている。父親に対する内観では，かつて父親に対する反発から，中学を卒業すると同時に，家を飛び出すように集団就職で都会へ出てきたことを思い出している。この早すぎる出立を親の身になって考えたのが4日目であり，「私は息子の年齢で親の反対を押し切って出てきましたが，今から思えば，親はどんなにか心配したことでしょうね。今，息子が家を出ていくことになれば，私はきっと気が狂ってしまうかもしれません」と語りながら，内観に入って初めてS子は涙を見せている。

内観6日目には自分のほうから言い出して夫の先妻に対する内観に取り組んだ。内容をそのまま示せば次のようである。

「私はあの人から夫を奪ったというか，離婚に応じてくれたから夫と一緒になれたのに，そのことを考えたこともなかった。その人にも子どもがいるので，

毎月の養育費を送っているからそれでよいと思っていました。姑と別居してからはマンションの家賃が要るし，夫の給料だけでは大変なので，私が稼ぎのよいパートに変わって働いてきたので，私が送ってやっているんだ，と思い上がっていました。夫とA太のいる今の家庭はあの人にいただいたものなのに，そんなこと考えたこともありませんでした。あの人は12年間も1人で子どもを育ててきたのに，私はといえば夫の帰宅が遅いというだけで愚痴ばっかり言ってきました。養育費を送ってやっているという考えは間違いでした。迷惑をかけてきたことを思えばとても大それた気持ちでした」。

このように述べて，S子は声をあげてひとしきり泣きじゃくった。

そして，内観後2週間ほどして，カウンセリングのために来院したとき，その後の自身の変化を次のように報告した。

「気持ちがとても楽になりまして，あれからほんとに色々ありまして……内観から帰って主人に"今からおばあちゃんのところへ行きたいから車を出して欲しいの"と頼んで，おばあちゃん家に行きました。そして，先生に内観で話したように，"今まで悪かった，一緒にもう一度やり直しましょう"と言ったらあとは言葉にならず，2人で手を握りあって泣きまして……私もおばあちゃんもボロボロ泣いて……主人も息子も泣いていました」と語り，別居中の姑と同居することにしたようである。さらに，結婚を反対されたことから12年間も疎遠にしていた実家の両親にもその日に遠距離電話をしたらしく，「泣きながら"あなた（母親）にも苦労かけたね"と言ったら，"それだけ聞ければよいから……"と言ってくれました」と語り，両親との和解も同時に成し遂げて嬉しそうであった。

母親の内観は，祖母との和解をもたらし，A太の症状（不明熱）を消失させることになった。さらに，これまで家の中に引きこもっていたA太にも変化が訪れた。友達ができて外出するようになったのである。元のクラスに戻るまでには，まだ多少の時間がかかりそうであるが，学外にある適応教室には通えるようになった。そして，母と子がともに身体症状から解放されたことに対して，何度も感謝の言葉を繰り返していたのが印象的であった。

まとめ

　以上，医学モデルとしての内観療法の事例を紹介した。この事例は，最初に症状（不明熱）を出したのは息子である。始めのうちは，対症療法として解熱剤が投与されたらしい。そして，一時的に熱は下がった。けれども，別の症状（腹痛）がちょうどモグラ叩きのモグラのように出現したので，いわゆる根治治療が必要となった。そこで，計画されたのが母親の内観療法である。なぜ，母親なのかといえば，家族は嫁姑の確執がもとで別居になってしまっているが，そのことに一番衝撃を受けて不明熱という症状を発したのがＡ太である，と考えるならば，まず内観による変化が求められるのは，母親のＳ子であった。

　実際，Ｓ子が内観したことで，家族がよりを戻すことになった。再び祖母と同居することになったことで，夫婦の間にできていた溝も埋まったようだった。

　そして，家族に平安がもたらされた。その結果，Ａ太の症状は消えている。

　ところで，病院で内観を導入するとき，初回面接のあとすぐに実施することはほとんどない，と言ってよい。とりわけ身体症状が見られる場合には，内科医による身体医学的診察と検査が優先される。内科において身体医学的な原因がつかめないとき，心理面接が依頼される。本事例もその手順で会うことになった。たとえ初回面接時に，内観療法がセラピストの脳裏に浮かんだとしても，すぐにそれを提案することはない。何度か心理面接を重ねていき，好機が到来したと思われたとき，内観療法が提案されることになる。好機到来を判断する材料としては，まず本人（IP）はもとよりであるが，同伴の家族とも信頼関係が築けたときである。

　そして，本事例では，まるで症候が移動したのかと思われたのであるが，母親にも症状が発生したことが内観を勧める大きなチャンスになった。

　初めのころはほとんどＡ太の症状のみが母親の関心事になっていて，母親自身の葛藤は否認されたままであった。内観への動機づけは，その母親が蕁麻疹と頭痛と目眩と倦怠感を覚えるようになったことだった。自らに発生した症状によって母親は自身の問題に取り組まざるをえなくなった。

　子どもの問題（症状）が持ち込まれたときには，ちょっと視野を広げて家族全体を眺めてみる必要がある。因果律によって子どもの症状に目を向けるとき，

原因を作っているのは親たちであることが少なくないからである。

6. 成熟モデルとしての内観

　河合（1992）に倣って内観における成熟モデルを示せば，以下のようになろう。

　つまり，問題や悩み→面接者の態度→内観者の自己成熟過程が促進→解決である。

　ところで，吉本（1985）は内観面接者の態度として「教えてあげるのではなく，聴かせてもらうこと」が大事であると講演で述べているが，それは内観者の成熟を待つという姿勢につながるように思われる。先に病院における「医学モデル」の事例を述べたので，次には内観研修所を舞台にした「成熟モデル」の事例を紹介しよう。実際に，筆者自身が病院と内観研修所の両方で内観面接に従事してきて思うことは，病院ではクライアントとセラピストの関係の中で内観療法は実施されているが，研修所においては，内観者と面接者はちょうど書生と師匠，あるいは弟子と親方の関係のように感じられることである。病院のセラピストは面接だけを担当していればよかったが，内観研修所では，朝の掃除に始まって，食事の配膳と下膳，風呂の準備，消灯の合図に至るまで，ほとんど一日中，内観者とともに過ごすことになるからである。

事例2　不登校に陥って退学した高1男子・B夫

　まず，初回面接で語られた話を再構成してみよう。ごく普通の新興住宅地に暮らしているサラリーマン家庭の長男としてB夫は生まれた。家族構成はサラリーマンの父親，専業主婦の母親，3歳上の姉と4人暮らしに，犬を1匹，金魚が3匹，つがいのインコをペットとして飼っていた。動物好きの平凡な家庭であった。そんな平和な家庭に大きな転機が訪れた。父親に突然の転勤命令が下ったからである。それは家族にとって大事件であった。父親だけが単身赴任をするか，それとも家族全員で行くか，早急の結論が求められた。夜を徹しての話し合いの結果，家族みんなで引っ越すことにしたが，子どもたちにとっては不承不承の転地であった。とりわけB夫にすれば，高校入試を控え，県外受

験を突破しなければならなかった。そのために幼なじみや部活の友人たちとの別れに費やす時間を持てなかった。父親が一足先に転地に赴いたため，母親が受験校を決めるために奔走した。慌ただしい中で，受験の準備をして，両親が希望した高校へ合格を果たしたものの，はたして新しい環境に馴染めるか，不安な船出であった。案の定，新しい学校は伝統校独特の雰囲気があって，緊張の日々を過ごした。クラスでも，そして部活でも言葉の壁にぶつかって，友達はできなかった。みんなはそれぞれ何人かで集まって弁当を食べたが，B夫は1人教室の片隅で弁当を広げた。その様子を見ていた担任は，B夫のことが気にはなっていたが，自身もその年に転勤してきたばかりで，声を掛ける余裕はなかった。特に4月は，多忙を極めていたからだ。ただ，孤立はしていたが，B夫にすれば，まだクラスは楽であった。空き時間には1人好きな本を読んでさえいれば，時間が過ごせたからである。問題は，体育系の部活の時間であった。先輩の言葉がわからず，何度も叱責を受けた。ときには連帯責任を問われて新入部員全員が正座をさせられた。それが最もB夫には応えたようだ。自責の念が襲った。生真面目なB夫は食事も摂れなくなって，60 kgあった体重が1か月で12 kgも落ち，48 kgになってまでも部活動を続けていた。とうとう5月の連休を前に高熱を出し，学校を休んだ。以来，不登校に陥って，そのまま戻ることはなかった。学校を休んで1週間が経っても食事が摂れない状態が続いたので，母親が心配して内科を受診したら，医者の勧めでそのまま入院となった。そこで点滴による栄養確保の処置が施されて，ひとまずの安堵を得たが，カルチャーショックによる心の傷は点滴では癒えなかった。慣れない土地は，両親にとっても戸惑うことが多く，その後いくつかの心療内科や精神科を受診したようであるが，B夫の状態は一向に改善せず，秋を迎えようとしていた。焦って父親が会社の保健師に相談したところ，筆者の研修所を紹介されたとのことだった。

既往歴

　B夫には3歳のとき，肺炎を患って1週間の入院歴がある。母親の陳述によれば，他の子どもたちが注射や点滴を怖がって泣き出すのに，好奇心旺盛なB夫は，自分から腕を差し出したという。それ以外には，取り立てて大きな病気はしていない。が，5歳の幼稚園時代に母親が乳ガンで入院したことがあって，

母親の入院と同時にB夫も高熱を発して，約1週間，幼稚園を休んでいる。
中学時代までの生活歴
　小学4年生までは積極的で活発な性格であったし，成績もよく学級委員はもとより，4年生では児童会の書記まで務めているが，5年生になったころから人前に出るのを嫌がるようになったという。5年生の担任は，4年生から引き継いでB夫を担任したこともあって，児童会長への立候補を強く勧めたようだが，本人が頑として断った。中学に入るとますます内向性が強まっていった。テストの成績は250人中1番を取るほどなのに，消極的な性格が災いして内申点はそれに呼応せず，低迷していた。
家族内観療法[4]の提案
　内観を強く勧めたのは両親であった。やせ細って痛々しい姿のB夫が両親に付き添われて来所したときは，歩くのがやっとのようであった。上述した初回面接のあらましは，両親が話してくれたものであり，B夫は終始無言であった。問い掛ければ何とか返事はくれたが，キャッチボールのような会話は望めなかった。はたして，早寝早起きに始まる内観の生活に耐えられるのか。面接者として不安を感じたので，念のためにB夫の意思を確かめてみた。するとなんと，B夫のほうから内観を希望したのである。「今の自分を何とか変えたい，このままでは辛いので内観で修行をしてみたい」と述べたのである。しかし，B夫の状態からは，単独の1週間の内観だけで問題が解決するとは思えなかった。そこで，家族内観療法を提案したところ，両親も納得し協力的であった。
家族内観療法の工夫
　従来，「内観」といえば，1週間の集中内観のことを指してきた。したがって，「家族内観療法」も1週間で実施されるものという前提があった。もとより，そのように実施されることは少なくない。しかし，本例ではB夫の状態を考慮しながら，家族の都合にも配慮しつつ，以下の方法で行われた。

4　筆者は，第25回日本心身医学会中部地方会において，「登校拒否治療における家族内観の果たした役割」を報告した際に，家族内観療法の方法について，次の6つが考えられると述べた。(1) IPとFMが別室で同期間に行う。(2) IPとFMが同室で同期間に行う。(3) IPとFMがそれぞれ別期間に行う。(4) IP抜きのFMの一部か全員が別室で同期間に行う。(5) IP抜きのFMの一部か全員が同室で同期間に行う。(6) IP抜きのFMの中でキーパーソンが単独で行う。本例では (3) の方法が実施された。(IPは患者，FMは家族)。

①B夫の内観は1週間で終結とせず，回復を見届けるまで継続する。

②母親は1週間の集中内観が可能であったが，父親は仕事の都合で1泊2日の短期内観を繰り返すことにする。

③内観以外にも必要に応じて個別および家族カウンセリングの時間を設ける。

治療経過

B夫の内観は，5か月におよんで3回の集中内観が行われた。そこで，便宜的にⅢ期に分けてみた。母親は，1度の集中内観と内観後のカウンセリングに通った。父親は，1泊2日の内観に5度訪れている。親子3人が揃ったのは初回面接と内観終了時に行った家族面接の2度だけであったが，それは親子がそれぞれのテーマに取り組んだ結果であり，それこそ自然な流れであった。

B夫の内観過程

第Ⅰ期：初回面接から第1回目の内観終了後までの期間が第Ⅰ期（受容期）である。歩くのがやっとの状態だというのに，B夫は母親とともに内観にやってきた。それでも，朝は5時に自ら起床し，面接者と一緒に庭の掃除を担当した。少量ながら食事を摂取するのだが，そのほとんどを吐く始末であった。そんな状態なので，掃除の際も動きは鈍く時間がかかったが，仕事ぶりは丁寧であった。エネルギーが相当に低下していたので，他の内観者とは別室にて本人のペースで1日のスケジュールに取り組んでもらうことにした。したがって，この時期の内観はごく型通りの内容でしかなかった。成果といえば，規則正しい生活を過ごしたことによって，食事の摂取量が若干ではあるが増えたことと，吐く回数が減ってきたことだった。喜んだのは別室で内観中の母親であった。その母親が内観中に見た「息子の夢」が印象的だった。

内観3日目に母親が見た息子の夢

「場面は以前住んでいた街である。息子を学校まで送って車を走らせていると，バス停に息子の友達が高校の制服に身を包んで立っているので，ついでにみんなを乗せて学校まで送ることにする。傍らの息子を見ると高校の制服を着てはいるが，幼稚園児のようである。目的地の学校で友達は降りる。息子は無邪気にも車内から友達に童謡を歌いながら手を振っている。息子は"ぼくは1人ぽっちなんだけど寂しくなんかないよ"と言いながら歌っているが，母親の私には寂しさを堪えている息子の気持ちが痛いほどよくわかる。息子の姿が哀

れで，私は運転しながら泣いている」

見事な夢である。母親はその夢を見て初めて現状を察知した。「息子の気持ちも知らずに，親の私だけが焦っていました。今，この状態で息子を学校へ行かせること自体が無理な話だったのです」と語り，息子の現状をまず受け入れることにしたようである。

第Ⅱ期：最初の内観を終えて2度目の内観終了時までが第Ⅱ期（喪の営み期）である。2度目の内観は1か月半後に行われたが，B夫は1人でやってきた。ただ，内観3日目には父親が1泊2日の内観に入った。無論，部屋は別であったが，朝の掃除は，父親と一緒に庭の掃除を担当してもらった。父と息子の2人が庭の落ち葉を掃いていると，研修所の塀の外に猫の鳴き声がした。B夫が近づいてみると生まれて間もない子猫が捨てられていた。段ボール箱に入れられていたが，昨夜の雨にうたれて弱っていた。「このままでは死んじゃうのでミルクを飲ませてもいいですか？」とB夫。他の内観者の迷惑にならないようにB夫の部屋で子猫の世話を許可した。B夫は徹夜で子猫の看病にあたったが，その甲斐もなく翌朝，子猫は息を引き取った。B夫と父と面接者の3人で研修所の庭に穴を掘って子猫の死骸を葬った。泣きじゃくるB夫のそばで父親も涙を拭った。面接者には，その出来事があまりにもタイミングよく感じられた。それについては，まとめの項で改めて述べることにして，内観では中学時代の先生や友達に対して週の大半を費やした。紙幅の都合でほんの一部を紹介すれば，こうである。

「ぼくは中学校でみんなからたくさんのことをしてもらっていたのに，受験勉強に追われたこともあって，あっという間に卒業式になって，お世話になった先生にお礼も言ってないし，仲の良かった友達ともゆっくり話ができなかった。長い間住んでいた家と別れるのも辛かった。自分の勉強部屋と別れるのが一番辛くて，本当は引っ越したくなかった」と面接で述べたまま絶句。まさに中学時代との別れ，つまり喪の営みが行われたことになる。

第Ⅲ期：B夫の2度目の内観終了時から終結までの期間が第Ⅲ期（再生期）である。2度目の内観を終えて，2か月半後に3度目の内観に来ているが，その間は，両親のカウンセリングが週ごとに行われた時期でもある。

両親によれば，B夫が現在の高校を退学して，別の高校に再受験することを

決意したとのこと。そして，父親の休みの日に本人が志望する高校を見てきたという。季節は秋。受験勉強を開始したこともあって，今回の内観では，本人の希望に沿って，夕食後に1時間程度の勉強時間を入れた。目標ができたこともあってか，勉強時間以外は過去の2回の内観に比べて，はるかに落ち着いて内観に集中している。再生期にふさわしいB夫の発言を抜粋しておく。

「今回，ぼくが不登校になったことで，両親が内観に来てくれただけでなく，祖父母にまで心配をかけてしまいました。退学すると決めたらすっきりしたのですが，担任の先生は心配して，再受験する高校の資料を家まで届けてくれました。1か月も登校していないのにクラスメイトの中には，心配して手紙やメールを送ってくれる人もいました。みんなにしてもらったことばかりで，お返しをしたことはありません。心配ばかりかけたので，母は痩せてしまったが，ぼくが再受験すると言ったら喜んでくれました。お世話になった方々への恩返しのためにも頑張ります。昨夜は，消灯後に外があまりにも明るいので窓から外を見たら，満月でした。その月を見ていたら，その月は子どものころ母が作ってくれた団子を食べながら見た月と同じでした。世界は，いや宇宙はみんなつながっているんだと思いました。そう思ったら，自分は生かされているんだという気持ちになりました」

まとめ

「心理療法はクライアントの自己成熟の力に頼っている」と河合（1992）は言う。B夫に接して，改めてその言葉を噛みしめている。自己成熟の力を河合は「自己治癒の力」とも言い換えているが，それは「自然治癒力」と呼んでも差し支えないだろう。ところで，以下の引用は筆者の読書ノートからの抜粋である。

「近代科学から生まれた西洋医学は，いまだに『自然治癒力』について解明できずにいる。その自然治癒力を体の中に見つけようとする限り，解明するのは難しい。なぜならば，自然治癒力なるものは，体の中にあるものではなく，体の外，場にあるものであり，それは虚空まで広がっている，それがスピリットなのだ」と記した本を読んだ記憶があるが，その本をどこへやってしまったか，いま，見つけることができない。したがって，出典を紹介できないのが残念であるが，B夫の内観中に発生した出来事，たとえば，「捨てられた子猫」

を見つけたことや「満月」の出現を考えるとき，まさに自然治癒力が体の中ではなく，外，場，虚空に広がっているという指摘が実感されるのではないだろうか。

そして，その自然治癒力を導くものが心理療法（内観療法）には備わっているようなのだ。それについて河合（1992）は，次のように説いている。

「要するに，人間の心には人間の意識の支配をこえた自律性を潜在させており，それは一般にはある程度抑えられているが，治療の場という『自由にして保護された空間』を与えることによって，人間の心の奥にある自律的な力に頼り，生き方の新しい方向性を見出そうとするのである」と。

内観には内観独特の治療の場が備えられている。たとえば，宿泊して行う内観においては，面接の場はもとより，生活する場全体が治療の場だと言ってよいだろう。B夫はその治療の場を与えられて，自己成熟過程が促進されており，自己治癒の力，すなわち自然治癒力がもたらされたように思われる。

紙幅の都合で，両親のカウンセリングと内観の内容にまでは立ち入れなかったが，両親の治療への参加なしにはB夫の成長，変化はありえなかったことだけは付記しておきたい。内観臨床の経験で言うならば，子どもたちに発生した問題や悩みは家族全体を視野に入れて取り組むことが肝要かと思われる。

最後に，終結は冬の季節であったが，春になって朗報が舞い込んだ。母親の声で「志望校に合格しました」と。それから3年後，「無事，高校を卒業して，念願の志望大学にも合格しました」との電話がB夫自身から掛かってきた。挫折を乗り越えた少年は，すっかり逞しい青年へと変貌を遂げていた（ちなみに，その時の身長が173cm，体重が62kgということであった）。

文献

石井　光　2000　内観療法　個人史と心理療法　財団法人安田生命社会事業団　pp.67-111.
河合隼雄　1992　心理療法序説　岩波書店
真栄城輝明　2005　心理療法としての内観　朱鷺書房
三木善彦　1998　内観療法入門　創元社
吉本伊信　1983　内観への招待　朱鷺書房
吉本伊信　1985　記念講演・内観助言者に望むこと　日本内観学会第8回大会論文集，2-17.

7
心理療法（表現療法）における心像の展開：夢，描画，内的世界の変容

岡田　敦

1. はじめに

　今日，心理臨床領域や心理療法分野においては，様々な技法のもとに，クライアントの何らかの心像表現が用いられることが増えてきている。その一端は表現（芸術）療法ともなり，文字通り「心理療法家はイメージの世界を取り扱うもの」（河合，1991）と考えられる。ここでいうイメージとは，言葉での表現はもとより，夢や描画，箱庭や各種の造形作品，あるいは身体を用いたパフォーマンスなどの広義の表現活動によって，生み出される内的世界の表現全般を指す。特に解離や分割など，より低水準の防衛機制が活発な青年期事例においては，言語的な交流だけでは，分裂排除された心的内容物に触れることが困難なことが多いだけに，夢や心像表現を用いた治療的なコミュニケーションの展開が大きな意義をもってくる。そこで今回は，彼らの心像表現を内包し促進させていく「容器」としての治療関係を重視する立場から，ある思春期の一治療例を通して心理療法（表現療法）における心像過程の実際を紹介し，それがいかに自己治癒的に働くかを具体的に検討したいと思う。

2. 事例の概要

　不登校や抑うつ，希死感，自殺企図などを呈した思春期の男子高校生の事例である。作品をふくめ治療過程の公表にあたっては，ご本人およびご家族の快

諾を事前に得てはいるものの，プライバシー保護のため，基本的な精神病理や問題にさしつかえのない範囲で，病歴と生活史の一部に大幅な変更が加えられていることをあらかじめお断りしておきたいと思う。

事　例

A男，初診時16歳，高校1年生。

主　訴

学校へ行きたくない，死にたい。

家　族

4人家族で，上に短大1年の姉がいる。父親は高校を卒業後，大手製造会社に勤務。もともと「少しでも，きちんとなっていないと気の済まない」人であり，若いころから現在まで軽い確認強迫がある。母親は商業高校卒業後，故郷から当地の洋裁学校に入るため出てくる。それ以後，家で洋裁の仕事を続けている。口うるさく感情的になりやすい。当初より核家族。3歳年上の姉は元気で活発，気が強い。現在看護師を目指している。

生活史

特に問題なく出生，大病などしたこともなく順調に成育。3歳のとき，家の中を走り回っていて，母親の洋裁の針を誤って踏んでしまい，足の中で針がバラバラに折れて大手術をする。何かことあるごとに，よく「あのときは大変苦労をかけた」と言われてきた。小さいころはおとなしい子どもで，あまり外で友だちと遊ぶことはなかった。また教育面に熱心な親の希望で，姉と同様に，幼稚園のときから順次，ピアノや書道，水泳や珠算などを習いに行かされた。その後，書道だけはずっと続けて，よく入賞した。両親がついて，かなり厳しく，ときには「叩かれながら」練習させられることもあったという。

小学校の低学年は，ほとんど勉強せず成績は下位だった。小学4年の秋の保護者会で，母親は担任の教師よりA男の成績が「ビリから3番目」であることを知らされる。大変恥ずかしい思いをして帰ってきた母は，その日，家でA男に対して「本気で，布団叩きでビシビシたいて」怒る。この事件をきっかけに，母親がついて半ば強制的に勉強させられることが始まる。その結果，小学5年の終わりには，ほとんどの教科が「5」となった。友だちと遊ぶことも禁止されて，放課後の時間も「少しでも覚えよう」と一所懸命勉強する。小学6

年から中学にかけて成績はトップクラス。「教科書を全部丸暗記してしまう」くらいの猛勉強で，1年間で大学ノートを何十冊も書き潰してしまうほどだった。小学校高学年のころは「友だちがいなくて1人ぼっち」となるが，それでも中学時代はけっこう人気があり，クラス委員なども務め，教師からもよく可愛がられていたという。小さいころから両親に言われていたとおり，一所懸命勉強して「学校の先生になる」というのが将来の夢であった。

現病歴

中学1年のころから，学校の定期テストの前になると，必ず腹が痛くなり下痢や吐き気がする。何度も同じことを繰り返すため，中学2年の春，近くの内科医院を受診。精密検査の結果，特別の異常は認められず「ストレスからきているのでは」と言われる。

X年4月，「絶対受かるから，大丈夫」という担任の強いすすめで，地元の進学校であるB高校普通科に入学する。中学にくらべて勉強する量が格段に増えて，小テストが毎週のように行われることに負担を感じ始める。毎日の勉強が自分の思うようにはかどらず，ぐっすり眠れない日が多くなる。勉強していても「頭の中に入らない感じ」となり，何度も同じところを読み返したりする。数日たつと，覚えたことをすぐ忘れてしまったようで不安になる。それでも夏休みの間は一時的によく，不眠もなかった。

2学期になると，再び上で述べたような感じが強くなってくる。成績も入学時は，学年400人中50番内にいたのが，300番台にまで下がってしまう。次第に「学校へ行きたくない」と思うようになる。何か成績がどんどん落ちていってしまいそうで，「このままではとうてい望みの大学に入れない」「自分1人で納得のいくまで勉強したい」と思い始める。戸締りやガスの元栓などが無性に気になりだし，確認強迫が始まる。

同年11月末，高校での3者面談（本人，母親，担任）の席で，A男は「学校をやめて，自分だけでやっていきたい」との申し出をする。しかし担任の教師からは「もっと努力しなければ駄目だし，大学は自分の力に見合ったところへ行けばよいのだから」と言われ，全然取り合ってもらえない。12月2日の夜ごろから，家で目立って様子がおかしくなる。1人でしくしく泣いている。いったいどうしたのかと親が聞くと，「どうしても学校へは行きたくない」「俺は

駄目な人間だ」「もう死ぬしかない」などと言う。食事を摂るようすすめても，「御飯，お母さんが怒るから嫌だ」「御飯の中に毒が入っているから嫌だ」などと言って，頑として食べようとはしない。夜中も一晩中眠らないで，何か自分の部屋でゴソゴソやっている。深夜，大声で「お父さんはわけのわからないことばかりを言う」「嘘ついてる！　嘘ついてる！」と叫ぶ。翌朝，そのことについて聞いても，どうもよく覚えていない様子。学校には行こうとせず，ビニールの袋を捜してきて「これをかぶって，俺は今から死ぬんだ」と言ったりする。親は本気にしないでいたところ，3日の夜9時ごろ家を出て，近くの神社の池に飛び込んで死のうとするが，水が浅くて死にきれず，結局ずぶ濡れになって深夜家に戻って来る。しきりに「死にたい」という言葉を口にする。

このような状態のため，翌12月4日，両親に連れられC病院精神科外来を受診となる。

見立てと治療の構造

初診医の診断は，抑うつ状態。ただし思春期の「自己」の確立をめぐる問題を背後にもつこと，勉強への取り組み方などに顕著にみられる強迫的防衛が破綻するとき，抑うつを踏みぬいて妄想─分裂的水準にまで陥ってしまうような脆さ（「毒が入っている」との迫害的な訴え）をもつことなどが，当初より推定された。主治医より抗うつ剤，安定剤が投与されるとともに，「とりあえず学校をめぐる強い葛藤について，少し時間をかけてよく相談してみること」という説明のもとで，以後，心理士である筆者に心理療法の依頼が出された。週1回60分，対面法（終結3か月前より，A男の希望もあって2週に1回に変更）での面接。治療期間は1年4か月，面接回数58回にて終結となった。

3. 治療過程と「心像」の展開の実際

治療の流れにそって，便宜上6期に分けて報告する。今回は，治療関係に支えられた中での「心像」の展開を中心に，治療過程を描写したいと思う。報告された夢の総数は56，描画の総数は41枚。紙幅の都合もあり，その中から特に治療者にとって印象深かったものを夢は12，描画は9枚選んで，その時点での「読み」や印象もまじえながら，以下に順に検討してみることにする。

第Ⅰ期：「引きこもり」の保証（初回〜第10回面接まで）

　A男を「駄目息子」として決めつけ，叱りつけて何とか学校に行かせようとする両親に対して，治療者はくり返し介入する。とりあえず登校刺激を減らして「引きこもり」を保証する。A男自身とは，「絶対に死なない」との約束をしてもらう。今後のことは「一緒に，解決策を考えていく」こととし，学校のほうも診断書を出して休学とする。次第に面接の中で，小学4年の「布団叩きで，母親に血まみれにされてしまった」という事件以降，勉強への強迫的な「完璧主義」が，いかに形成されていったかが詳しく語られていく。

　第4回面接時，以下のようなイニシャル・ドリームが，半ば自発的に報告される。

　　　初回夢《セスナ機に「ただで乗せてやるから」と，知らない男の人に言われたので乗ってみると，空を飛んでいるときに操縦している人が，急に「ギョッ」という感じで別人みたいに変わってしまって，ぼくは下に突き落とされてしまう。》

　連想は特になく，「ともかく怖かった。急に殺人鬼みたいに変わってしまって。最近モヤモヤした怖い夢をよく見る」と言う。これはそのまま，中学の担任の強いすすめで進学校に入学したものの，成績の低下などによって突然「突き落とされる」ようにして落ち込み，混乱してしまった彼の現在の問題を端的に示す，自己紹介的な夢のように思われた。「別人」に変わってしまう操縦士は，「努力しなければ駄目」と叱咤し，結果彼を追いつめてしまった担任教師を思わせるが，当然，治療者や治療の始まりに対するこれから先の不安な気持ちを，同時に反映しているとも取れる。安易に「ただで」という誘いに乗るべきではないという警告のようにも思える。このように夢が，治療者とクライアントの精神内界をつなぎ，交流を深めることのできる「通路」となりうることを感じる。そこで夢の報告を依頼する。

　続く第10回面接で報告された夢では，「鬼婆」の姿を取って，A男が内的にもつ「苛酷でおそろしい母親像」が登場し，彼を迫害し苦しめ，ついには「殺そう」とすらする。

　　　夢11《道の途中に，体格のいい「鬼婆」みたいなおばさんがいて，なぜか無理矢理つかまえられると，ぼくの口の中に手を突っ込んで，ゲエーゲ

エー吐かせようとする。それがあまり苦しいので，そのうちに内臓まで全部出されてしまいそうで，逃げるのにもう必死で足をバタバタやっている。今度は，細い道が続いているような所に，薄気味の悪い白髪だらけのおばあさんがいる。本当の「鬼婆」みたいでおそろしい。そこには井戸があって，その水の中にぼくは，突然，首を突っ込まれてしまい，苦しくて苦しくてバシャバシャもがいている。》

連想は，「食べ過ぎたときなんか，よくお母さんに無理矢理口の中に手を突っ込まれて吐かされたりする。神社の池で死のうとしたときも，水を飲んで苦しかったけど」。また現在の家庭の状況と結びつけて，「眠ると変な夢を見るし，起きれば起きたで家の人からきついこと言われるし，少しも休まらない」とも言う。それは「特にお母さん，"私は世界一不幸な母親だ。おまえは，世界一駄目な息子だ"って。今は，何も言い返すことができないから」。

治療者には，この夢のおそろしい「鬼婆」という姿をとった，いわば苛酷な超自我として働く彼の迫害的な内的対象イメージ（「おそろしい母親」像の内在化）が，この先いかに穏やかなものに変容していけるかが，今後の治療の大きな鍵となるようにも思われた。

第Ⅱ期：かりそめの「立て直し」と挫折，再度の「引きこもり」（第11回〜第22回面接まで）

両親の「根負け」による一時的な態度の軟化によって，A男は逆に両親の期待を取り入れて，4月の新学期からの登校を自分から決めてしまう。また，夢や描画の心像表現の中に，彼が背後にもつ「自惚れ」の強さ，「何でもやれて，みんなから称賛される」との自己愛的で万能感的な，自己の誇大化した理想像が次第に多く示されるようになる。

第11回面接で，本当は「ダ・ヴィンチ」のような「何でもできる芸術家」になりたいと思っていたところ，中学1年のとき，「絵や音楽なんかで，喰っていけるなんて思ったら大まちがいだ！」と親から頭ごなしに言われ，「夢が壊されてしまったと感じた」こと，それでも去年の中学3年の夏休み，母親の実家である山形に里帰りした際，内緒で水彩で風景を描いていたところ，「お母さんに見つかり怒鳴られて，絵はその場でビリビリに破られてしまった」と

のエピソードが語られる。「今，本当は絵を描いてみたいけど，道具も隠されちゃって全然できない」と言うので，治療者は「もし何か描けるようなら，描いて次回の面接に持ってきて」と，彼にクレパスと画用紙を渡しておく。後で，付き添って来ていた母親にも，「治療上必要なことですから」と説明，これを了解してもらう。以後，夢と描画が並行して面接に持ってこられるようになる（ここで絵画療法を導入したのは，もちろん彼の「描いてみたい」という希望に波長合わせをしてのことであるが，先回の「鬼婆」の夢のように，夢があまり退行促進的にまた破壊的に作用しないように，との判断が，治療者側に働いたためでもあった）。

続く第12回面接には，さっそく次の「龍」と題された絵を含め，2枚の作品が持って来られる。その絵のあまりの迫力に，治療者も少し圧倒される。

描画1《龍》（図1）

クレパス画にボールペンで，下から左向きの体に，正面向きの顔の龍。背びれが赤いため，怒って炎をあげて，にらみつけているかのよう。右手にやはり赤い玉を持つ。

「ふっと思い浮かんだので，そのまま描いてみた。願いが何でもかなうという如石を握っている。今にも飛び出してきそうで，お母さんは"気味が悪いし，罰が当たるといけないからそんな絵はやめろ"って言ったけど」と，

図1　描画1《龍》

少し得意気でもある。「今，龍の背中に乗って，自由に飛んでいけたらいいなあと思うけど」とも言う。この龍の心像は，万能感的な力への期待や飛翔への希求（夢1の「セスナ機」に対応か？）を表しているとも取れる。またほぼ同じ時期に，自分から「もう一度，高校をやり直してみたい」と親に申し出て，一応その方向で学校にも連絡，あくまで留年して「試しに」，再挑戦してみることとなる。

4月に入り，登校日直前の面接，第15回の夢には，迫害を受ける「英雄」でもある「日蓮」が登場する。それは不屈の「闘い」と「逃亡」の再開を予感させるものでもあった。

夢16《日蓮が，大勢の人から追われて逃げている。髭は伸びほうだい，衣はヨレヨレの怖い顔をしたお坊さんで，「かくまってほしい」と頼まれるので，ぼくも農民たちと一緒に，近くの山小屋にかくまってやる。ところが今度は，日蓮を逃したということが発覚して，ぼくまでが追われる身となってしまって，必死に逃げている。》

「日蓮は，ずいぶん苦労をして自分の思っていることを貫いた人。何回も島流しされても負けなかったって」。続いて以下の連想が，A男自身の姿と重ね合わされて語られる。「今の自分の負けたくない気持ちと，日蓮の生き方とが結びついたのかもしれない。実際，また学校でテストに追いまくられるんじゃないか，歳下の人間に追いつかれるんじゃないかという心配もある。案外，自分が日蓮みたいのに憧れてるのかもしれない。自分もやれば，なんか歴史に名が残せるような気がするし，そうなったら素晴らしいと思うから」。

よほどこの夢が心に残ったのか，この回の絵画にもその一場面が描かれてある。

図2 描画7《山の中の山小屋》

描画7《山の中の山小屋》（図2）
「夢の中」というので周囲が白く残される。茅葺きの農家風の一軒家，クレパス画。全体に森や山に包まれた感じで，柔らかい印象を与える。

連想は，「なんだか山形のお祖母さんの家に似ている。見ているだけで，なんかやさしくて暖かい感じがしてくる。お祖母さんは，縁側に出て手鞠なんかを作っていた。それをいつも側で見ていた。親からは，"男の子がそんなもの見てるんじゃない！"ってよく怒られたけど」。

「日蓮」をかくまうこの「山小屋」，「やさしくて暖かい」お祖母さん（迫害的な「鬼婆」と対極的な，やさしく育む「母性」的イメージ）が住むというこの「家」（＝居場所）を，いかに治療関係の中で守っていけるかが，これからの治療的展開の重要なポイントでもあろう。お祖母さんの作る「手鞠」は，今この場での「絵画表現」という作品を媒介にして，当然「ビリビリに破られて

しまった」(この「家」のある山形の風景を描いていた！) 彼の「芸術家」への夢と，密接につながってもいよう。そしてまた自己像としての全能的で戦闘的な「日蓮」は，彼の内界での「鬼婆」の部分的な取り入れでもあり，外界に向かおうとするとき，ともすれば妄想─分裂的な「超男性像」(実際の日蓮の生き方がそうであったように) になってしまいがちで，やはり無理の多い選択と言わざるをえないからでもあった。

　ともかく新学期となり，留年ということで新1年生と同じ学年で高校へ通い始める。その次の週の第16回面接では，「学校には行っている。まあなんということもなかった」と言う。しかしこの回，『野性の証明』としての以下のような「戦闘」の夢が報告される。

　　夢17《映画の『野性の証明』という感じ。ぼくは，どうしてか味沢岳史（主人公）と一緒に，自衛隊に追われている。ぼくが手伝って，武器を手に入れたりして，味沢は次々に敵の戦車をぶっ潰していく。ところがそこに，トンネルの中から頼子（少女）が飛び出してくる。ぼくは「来るな！」って，必死で止めるけど，それでも出てくるので，自衛隊に殺されてしまう。みんなやっつけてしまってから，味沢と一緒に頼子のお墓を作って拝む。「もういい。ここまでやってこれたのだから」と思う。》

　明らかに「味沢」は「日蓮」の発展形でもあり，今度は逃げるばかりでなくA男の協力で，「敵」と戦い「やっつけてしまって」いるのが注目される。連想は，「味沢はやはり映画の高倉健みたいで，強そうで恰好よかった。自衛隊を1人で敵にまわしていくんだけれど，必死に生きぬいていくとこが何ともいえない」。殺されてしまう「頼子（少女）」は，先回の「手毬」のイメージ（「女の子」の姿をとった内界の情緒的機能）に関連しており，いかにこの先の夢の中で「生き返ってくるか」が重要であるように治療者には思われた。

　その後，何週間かにわたって，一見順調に通学できているようであったが，描画や夢にかなり危機的な内的表現が連続してなされ，破綻が再び迫っていることが先取りして示される。治療者も，少しずつ不安になってくる。

　第17回面接では，初めて（そして唯一の）未完成の絵が持ってこられる。

描画11《ユニコーン》（図3）

鉛筆画。左上の三日月に向かって，2本立ちする一角獣，目がなくどことなく不気味でもある。未完成画は，抑うつや自殺念慮など危機的状況のサインともなる。

連想は，「角に超能力があるというので，人間に次々に殺されていって最後に一匹だけ残ったユニコーンが，神に召されて天に昇っていくところ。辞典に載っていたのを見て描いたけど，途中で思うように描け

図3 描画11《ユニコーン》

なくなってしまった」。彼のもつ「万能感」の終焉を意味しているのであろうか。この「昇天」は「龍」の場合とは異なり，「死」でもある。そのことを治療者が指摘すると，「子どものころ，本当に何でもできるようになれると信じていた。『モナリザ』が日本に来たときにダ・ヴィンチのことを調べたら，芸術や科学何でもできる人だって。自分もああいうふうになれると，勝手に思い込んでしまっていた」と肯定する。

続く第18，19回の描画では，妄想─分裂的世界を思わせる「人物像」が連続して描かれ，一転緊迫した雰囲気となる。それは彼の外界への迫害感の表明でもあった。その1枚。

描画13《D君，あるいは燃える中国人》（図4）

クレパス画。人民服姿の男性の左向きの上半身，隈取りのある顔，背後は赤く炎のよう。

「Dというのは毛沢東かぶれの友人。最近色気を出してきて気持ち悪い。鏡を見ながらニタニタ笑っているところ。あと今の中国の人は，日本の暴走族とかチンピラとちがって，国のために燃えている。今の日本の若者にその10分の1の気持ちでもあればいいのに」。そのまま，パラノイド的な「怒れる」自己像でもあろうか。

図4 描画13《D君，あるいは燃える中国人》

この同じ回の第19回面接では，次の「引きこもり」を思わせる暗示的な夢が報告される。

夢22《学校に、突然強盗が入ってくる。教室は自習中で、マスクをつけ手には包丁を持っているので「これはあかん」と思い、みんなとは別の方向に自分1人だけで逃げ出して行く。すると途中に工事の下水の穴があって、ぼくはそこに落ちてしまう。中には、髪の毛はボウボウ、髭をはやした土方の小父さんがいて、「早くふたを閉めろ」と言う。強盗は「どこへ行った、どこへ行った」と上で捜している。「ああ、やれやれ、どうにか助かった」と思う。それからひょいひょいと穴を通って行くと、どういうわけかぼくの家のすぐ前に出る。》

連想は「ともかく逃げなきゃいけないっていう感じだった。土方の小父さんというのは、4〜50歳くらいの、ただ毎日穴ばかり掘っているような素朴な人だった」。この夢でA男を助けてくれる「土方の小父さん」は、彼を突き落とす「操縦士」や、追われる「日蓮」、戦う「味沢」とはまた異なった新たな男性像であり、当然この時点での治療者イメージや治療関係が、そのまま夢に取り入れられて、反映しているようにも思われた。

5月半ば、こうしたA男の内界の心像の変化にあたかも呼応するかのように、現実にも1つの大きな事件が起こる。「クラスの他の生徒には、留年していることは決して公表しない」との、学校側と彼との事前の約束にもかかわらず、「激励するつもりで」担任の教師が、つい無断でこの事実を、彼のいる前でみんなに明らかにしてしまったことに過剰に反応、「非常に腹が立って」次の日から不登校となる。また中間試験をひかえ「再び完璧主義が出てきて」、不安定になり始めたときでもあった。

第Ⅲ期：「家」での闘い・行動化の出現（第23回〜第29回面接まで）

再度不登校が始まったことに家族は大きく動揺し、A男をきつく責め立てる。彼が怒って、「学校にはもう行かない」として、辞書や参考書を破ってしまったこともあって、母親「言ってわからん奴は叩くしかない」「今に凶悪犯人になるから、その前に精神病院にぶち込んで一生入れておいてやる」「こんな立派な母親から、おまえみたいな駄目息子がなぜ生まれたのか」、姉「恥ずかしくて世間に顔向けできない」「ひどい弟を持って、私は世界一の不幸者だ」などと、口やかましく責める。初めは止めに入っていた父親も、間に立ってオロ

オロし，結局，「おまえが一番悪い！」と，彼を攻撃する側にまわってしまう。このような状況下の第23回面接では，彼自身が前出の『野生の証明』の「味沢」になっている夢が報告される。

夢24《雪がたくさん降っているところで，今度はぼくが味沢岳史になっている。雪の穴を掘って，ズボズボってその中に隠れる。これで誰もわからないだろうと思う。》

連想は「これは，さんざんお母さんたちから追いまくられてきたから，ぼくが味沢になってしまったのかもしれない。少しでもぼくが何か言い返そうものなら，お母さんは気が狂ったみたいに感情的になって，ひどいことを言う」。「雪の中に隠れる」というのも，どこか「死」への傾斜を感じさせる。そこで「遭難する危険」についても，少し話し合いをする。

5月末の第25回面接では，母親や姉が「血も涙もない冷酷人間」であり，「無茶苦茶に腹が立つ」ことが感情をこめて語られた後，治療者が付き添いの母親と話をしている間に，A男のみ先に帰宅。自分の部屋の窓ガラスを割り，本棚をひっくり返したりラジカセを叩き壊したりして「怒り」を爆発させる。ひとしきり暴れた直後，「これが母親に見つかると"半殺し"にされてしまう」との強い恐怖感に襲われ，現金と簡単な衣類を持って自転車で家出をする。一時は，国道を走る大型トラックに飛び込んで，「本気で死のう！」と試みるが，間一髪車は急停止して無事，結局またも死に切れず深夜に帰宅する。治療者は，彼が辛うじて生きのびてくれたことに，安堵の胸をなでおろす。本治療上，最大の危機でもあった。

後の面接で，このとき彼が体験した「半殺し」にされるとの強い恐怖感は，小学4年の「保護者会の後で，母親に血まみれにされてしまった布団叩きの怖さ」と同じであったことが語られる。知らぬ間に，治療の場でこのときの外傷的体験を再演し，実際の行動化の形を取って実演化してしまっていたことに気づかされる。外界と内界との境目がなくなってしまって，「夢」が現実化してしまっている，ようにも感じる。その後しばらく，治療者は合同面接や家族面接を通して積極的に介入，何とか危機を乗り切ろうと試みる。まずすっかり取り乱してしまって，「一生入院させておくか，いっそ自分の手で殺して一緒に死ぬか」と泣きくずれる母親の動揺を，とりあえず安定させるように努める。

A男とは再度,「どんなことがあっても絶対に死なない」との約束を取りかわすとともに,彼をいつも「死」へと追いつめてしまう,内的にもつ迫害的で苛酷な「怖い母親像」を明確化し,それが少しでも緩和されていく必要性を,繰り返し指摘していくようにもする。

これ以後,彼自ら希望して,母親とは別に単独で通院するようになり,また家での「音楽」への沈潜が始まる。「絵画」同様「女の子のするもの」として,小学校高学年以降禁止になっていたピアノに向かい,一日数時間,教則本を練習することが日課となる。初めは反対していた両親も「死なれるよりは」と,結局これも黙認することとなる。学校は再び休学とする。夢や描画にも,この後「音楽」をテーマにしたものがしばしば登場する。

第29回では,早くも「革命」が勝利する次のような夢が報告される。

　　夢29《宮崎美子(タレント)のレコーディングを手伝って,スタジオで色々打合わせをしていると,友人のD君から緊急の電話がある。「いよいよ立ち上がるときが来た」というので,機関銃を持ってみんなで東京を目指して攻めていく。そこでまた自衛隊の特殊部隊と戦う。途中で山の中に入り機関銃を撃ちまくり,ついに戦いに勝つことができて,革命は成功,人民は解放される。》

連想は,「D君(描画13に登場)というのは,社会主義かぶれの人間。日本ではソ連や中国のような革命は無理でも,悪い政治家たちは,日本のために倒さないといかんと思うけど」。長い「戦闘」の終わりを,先取りして示してくれる夢のようにも思われた。「宮崎美子」は「頼子」の進化した姿ともとれ,以後しばしば夢や描画に,若い女性アイドルの芸能人が登場するようになる。この時期熱中していた「音楽」とともに,内的世界での「女性」の姿をとった情緒的機能の回復を思わせる。

第Ⅳ期:「冒険」への憧れ・「死と再生」の体験(第30回〜38回面接まで)

家族内の動揺が少しずつおさまるにしたがい,彼自身も次第に落ち着きを取り戻す。それまで家に閉じこもりがちだったのが,外に向かって活動的になっていく。「家出」をきっかけとして,自転車で遠出をすることが1つの楽しみ

となり,「冒険」と称して半島を一周してきたりもする。「最近,なんだか不良願望が出てきた。もっと好きにやらないといけない」とも言う。こうした内的変化とともに,「冷酷人間」と思っていた両親や姉とも,少しずつ自然に打ちとけていられるようになる。そしてまた,内界と外界との「境界」が徐々にではあるが強化されていく印象をもつ。

第31回面接では,新たな出発を思わせる次の印象深い絵画が持参される。

描画21《夜明けの旅立ち》（図5）

クレパス画。まだ暗い夜明けの海を背景に,飛び立っていく熱気球。

「テレビでやっていた。太平洋を横断するというので,気球で飛び立っていこうとしているところ。ぼくも何か冒険がしてみたいって思った。夜が白み始めてすごくロマンチックな感じがする」と述べる。同じ空を飛ぶものではあっても,これは以前の「龍」ほどの万能感をもたないのは,それなりの治療的な心像上の変化であるようにも見える。

図5 描画21《夜明けの旅立ち》

第35回面接から第36回面接にかけて,以下のような「死」と「再生」,そして何らかの「償い」を思わせる深い宗教性をもった夢が,連続して見られたことが報告される。ここが1つの大きな転機となる。

夢35《外で雷に遭う。雨が降ってきたので,近くのタバコ屋に雨宿りさせてもらう。呼んでも誰も出てこないので奥に入っていくと,おどろいたことに宮崎美子があぐらをかいて酒を飲んでいる。「早く酒を持ってこい！」と,一升瓶をぶつけられる。すると突然,窓が風の力で割れてしまう。雨戸を閉めなくてはと思い,そちらに近づくと,今度はガラスが粉々に飛び散って,手とか顔とかに刺さってしまって,血まみれになって,ぼくはそのまま死んでしまう。》

連想は「宮崎美子,"日本の母親"の理想だと思ってたのに,夢では全然違ってた。介抱くらいしてくれるのかと思ったけど,何もしてくれなくてがっかりした」。

3. 治療過程と「心像」の展開の実際　115

　夢36《場面の端が，太陽の光りがあたったようにぼんやりした感じ。廊下があって，そこへ山形の死んだお祖母さんが，風呂敷包みを持ってやってくる。「おぉおぉ，可愛い顔をしとる。まるで女の子みたいだねえ」と言って，赤ん坊のぼくを抱っこしてくれる。そこへお母さんもやってきて，お祖母さんといろいろ話をする。》

「山形のお祖母さん，ぼくが生まれてすぐ会いにきてくれたらしい」と言う。「まだ目の見えない赤ん坊だったぼくを，廊下で真っ先に抱っこしたって聞いた。本当にお祖母さんはやさしかった。ぼくのことをいろいろわかってくれていて，嬉しかった」。ここでのお祖母さんの言葉にある「女の子みたい」という点も，大変重要であろう。

　夢37《ともかく高さが5～6メートルもあるような大きな門がある。周りは暗い。そのうちに門がギイーッと開くと，向うの方から光がバアーとあふれてくる。そこには周りを光でつつまれた奈良の大仏さんがいて，どうしたのか涙を流している。》

連想は「マリア像が血の涙を流したり，観音さんが人間の争い事なんかを悲しんで，涙を流すという話を聞いたことがある。前は仏さんなんか全然信じてなかったけど，こういう夢を見ると信じたくなってくる。今まで見たこともない，すごく不思議な夢だった」。

やはりこの夢の「大仏」がよほど印象的だったのか，第37回面接では描画にも登場する。

　描画26《大仏さんの涙》（図6）
キュビズム的な表現による大仏像。右上は涙を流している横顔か。この回から，「ダ・ヴィンチにならって」鏡文字でサインが入るようになる。左下にはやはり裏返しされた文字で「戦争反対」とある。クレパス，サインペン。

「見ていると，なんか引きこまれていきそうな感じがする。戦争や殺し合いは，どんなことがあっても絶対してはいけないことだから」と説明する。

図6　描画26《大仏さんの涙》

治療者は，彼の基底にもつこの一連の心像表現の変容と，前進的な展開にい

たく感動する。特に夢36の「お祖母さん」を介しての母性的体験（当然，治療関係上の体験の織り込みを背景にもつ）は，次の「大仏の涙」や「戦争反対」という表現が表すように，A男がかなりの程度，苛酷で破壊的な内的対象の迫害から，自由になってきていることを示唆してくれているように思われた。事実，あれだけ恐れられ「鬼婆」のように感じられていた母親も，不思議に「なんか最近，弱くて可哀相な人のように思える」ようになっていく。

　8月半ば，休暇を利用して家族そろって，「お祖母さん」の家でもある山形の母の実家に遊びに行く。林業などを営む叔父の手伝いについて回り，木に登り枝をはらったりして「野性的な」経験（夢17は『野性の証明』であった）をする。帰ってきてすぐに発熱，38度台が続き1週間以上寝込んでしまう。このとき初めて面接が休まれる。

第V期：「野性」と「自己鍛錬」（第39回〜48回面接まで）

　発熱後，山形の自然の中で体験した「野性」への思いが強まり，「もっと体をきたえないと」と言って，自己鍛錬が始まる。ランニング，腕立てふせなどを熱心に続ける。彼の希望もあって，以後薬物なしでも安定していられるようになる。4月からの学校への復帰を決め，少しずつ勉強も始める。夜間ランニング中，野犬に襲われて撃退したこともあった。

　第41回面接でも，「野性」への憧れを思わせる力強い「猿」の絵が持ってこられる。

描画28《猿》（図7）

クレパス画。猿の親子。やはり鏡文字のサインと左上に「猿」の文字。

「母親の猿が小猿を抱っこしているところ」と言う。「足をけがしたのか，母猿が一生懸命なめてやっているところ。野性の動物は自分たちの力で，治すことができるらしい。こういう自然の世界への憧れがある。なんか力強くてたくましいところがいい」。治療者は，洋裁の針を踏んで「足の大手術をした」という彼の3歳時のエピソードを思い出す。そしてあったであろう母

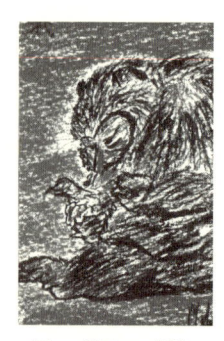

図7　描画28《猿》

親の献身的な看病と，それとの内的つながりの回復をも思う。それはまた心的作用としては，力強くてやさしい「母性」心像（祖母を媒介とした）による自己治癒力の回復でもあった。

第42回面接以降数週間にわたって，「もうちょっと具象で表せなくなったから」と，一連の"抽象画シリーズ"が始められる。それぞれに作品番号がつけられる。これらの作品群は中心化の表現であるとともに，新しい世界の始まりや誕生を思わせるものがあった。

その中の1枚，第49回面接に持参された描画。

描画35《作品第7》（図8）
鉛筆画。「菱形がだんだんくずれていって，円に近づいていくところ。向こうに，何か新しいものが見えてきそうな感じ」と説明する。

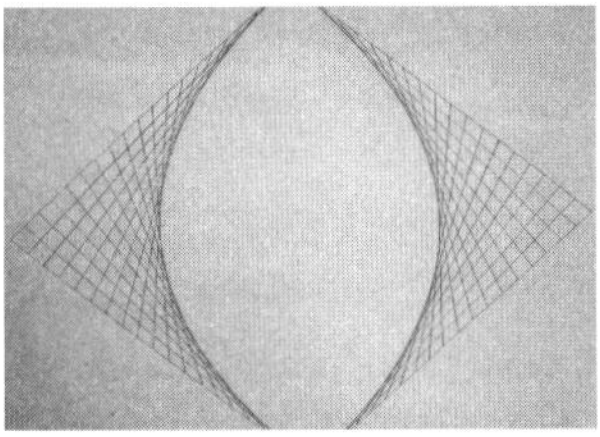

図8　描画35《作品第7》

第Ⅵ期：「懐かしい」場所への回帰，そして「新たな旅立ち」へ（第49回～最終回まで）

一時，定時制高校に転校するか今の学校に留まるかで，両親と意見が食い違うが，結局A男自ら定時制に移ることを決意する。「大学検定」をも視野に入れての決定であった。「天才バカボンのパパ」が生き方の1つの理想像とされ，どんなことがあっても「これでいいのだ」をモットーにしたいと言う。彼自身の希望で，面接が2週に1回となり，夢の報告も減る。

第51回面接では，これまでの治療の総まとめを思わせる，以下のような重要な夢が報告される。

夢48《夕方，薄暗い道を走っていると神社の近くに出る。中に入って，手を洗うところまで来ると，そこにはぼくの知らないお婆さんがいる。死んだお祖母さんのようなやさしい感じの人で，「これは神社の神様か？」って思う。一緒にお堂に入っていくと，そこには大きな太鼓が置いてある。ところが表面が鏡のようにつるつるで，いつの間にかそれが波みたいにうねってきて，今度はぼく1人でその太鼓の中に入って行ってみる。トンネ

ルのようなとこをぬけると、夕焼けがものすごくきれいな場所に出る。野原や田んぼがずっと続いていて、空一面きれいな夕焼けだった。》

治療者は、この面接が「神社の池」に彼が飛び込んだことから始まったことを思い出して、感銘深く思う。これは「鬼婆」の登場する夢11からの、1つの治療的な到達点としてみることもできよう。連想を聞くと、「ものすごく不思議な夢だった。なんか懐かしい感じの所に出たみたい。『夕焼け小やけ』の歌のもとになったお寺があるらしいけど、そこに行ってみたいと思う」。これまでの治療過程のまとめとして、「お祖母さん」の力を借りて、母性的な「故郷」へと回帰していった夢であるかのようにも思える。

描画はこの時期、軽く表現されたものが多くなる。続く第53回の絵画には、「夕焼け」の中を歩いて行く「親子の馬」が描かれる。

描画39《お馬の親子》（図9）

唯一の水彩画。夕焼けを背景に、寄り添って右方向に進む親子の馬。もちろん描画28の「猿の親子」の発展形でもあろう。やわらかい筆のタッチが印象的。「夕焼け」は、夢48にもつながる。

連想は「『お馬の親子』という童謡を思い出して描いた。夕焼けの中ポックリ、ポックリ歩いていく足音が聞こえてくるみたい」。

図9 描画39《お馬の親子》

治療者は「お馬の母さん、優しい母さん」という歌詞を思い出して、「ところでお母さん、優しくなった？」と聞いてみる。彼は「そんなにすぐには変わらないけど、今はそれほど怖いとは思わなくなったから」と笑う。

登校を目前とした第57回面接では、以下の最終夢が報告される。

夢56《家の廊下で、のんびり日なたぼっこをしている。それから少し外に散歩に出かける。お日さまが照りよい天気で、周りに花がいっぱい咲いていて、もうすっかり春になったことに気がつく。》

連想は、「のんびりした感じ。落ちこぼれでも、開き直れば怖いものなしだから、これでまあ、いいんじゃないかなあ。これからはマイペースでいくつもりだから」と言う。

登校が始まり，A男の希望で治療も終結となる。3か月後，約束しておいたフォローアップ面接は，結局すっぽかされてしまう。かわりに来た母親の口から，「今は学校でも気楽にやれているので，心配はいらないから」との伝言をもらう。治療者は，彼の「新たな旅立ち」とこれからの人生行路に，幸多からんことを願う気持ちでいっぱいとなる。

4. おわりに

その後，多少の紆余曲折はあったものの，A男は無事大学を卒業して，ある対人援助の専門職についた。大学の入学や就職が決まった時点，結婚して父親となった時点などに数度，近況報告に来院する。ほぼ治療の効果が確認され，予後良好の事例と考えてよいと思う。私が臨床に従事するようになって6年目の臨床経験であり，今，見直してみても幾分性急で，技術的に未熟な点が目につくことも多いが，若さゆえの取り組みに対する熱意と真剣味とが，少しでも読者に伝えられたならと思う。主として「鬼婆」の姿をとった迫害的な内的対象イメージの変容に主眼をおいて，心像過程を検討してみたが，もちろん他にも様々な観点からの物語化が可能であろう。ここでいう内的対象（Klein, M.）とは，無意識的空想に基づく心的機能が，具体的な内的心像を形成したものであり，夢や絵画表現はその様態の反映として考えられる。それは内界のみにとどまるものではなく，投影や投影同一化を通して外在化し，その実演化や劇化によって「現実」が構成されていくことこそが，本事例を通して筆者が体験的に一番学んだ点でもあった。それこそ「われわれは夢と同じ織物で織られている」（シェイクスピア）ということでもある。

紙幅が限られていることもあって，心像の治療上の取り扱い方や留意点について，筆者の考えや技法を述べる余裕はなかった。末尾にあげておいた文献を参考にしていただけたらと思う。全体的に治療関係に身を置いて「読み」に徹し，理解を深めようと努めはするものの，解釈して言語化し，それを「伝えよう」という働きかけの少なさを感じられるかもしれない。できるだけ踏み込まないで，クライアントの内界を抱えながら，その変容を「見守る」という治療態度である。その詳しい検討は，また別の機会に譲りたいと思う。

文　献

河合隼雄　1991　イメージの心理学　青土社
河合隼雄　1992　心理療法序説　岩波書店
Klein, M.　1975　小此木啓吾・岩崎徹也訳　1985　妄想的・分裂的世界　メラニー・クライン著作集4　誠信書房
Meltzer, D.　1992　*Dream-life*. Clunie Press.
岡田　敦　1983　夢心像における「故郷」への回帰―ある中年男性の面接過程　心理臨床ケース研究1　誠信書房　pp.54-70.
岡田　敦　1989　夢と精神療法　成田善弘編　精神療法の実際　新興医学出版社　pp.21-44.
岡田　敦　1997　「転移劇」としての治療　氏原　寛・成田善弘編　転移・逆転移―臨床の現場から　人文書院　pp.175-196.
岡田　敦　1998　夢分析と治療関係―「気持ち悪い夢ばかり見る」と訴える中年女性　横山　博編　心理臨床の実際6　金子書房　pp.244-258.
岡田　敦　2004　表現療法　成田善弘編　心理療法の実践　北樹出版　pp.164-180.
Segal, H.　1981　松木邦裕訳　1998　クライン派の臨床　岩崎学術出版
Segal, H.　1991　新宮一成訳　1994　夢・幻想・芸術　金剛出版
Segal, H.　1997　On symbolism. *Psychoanalysis, Literature and War*. Routledge.

8

パーソンセンタード・エンカウンターグループ：ラホイヤ・プログラム（La Jolla Program）体験のケース

安部恒久

1. はじめに

　本章では，パーソンセンタード・エンカウンターグループのケースとして，ラホイヤ・プログラム（La Jolla Program）における筆者のグループ体験を紹介したいと思う。ラホイヤ・プログラムは，人間研究センター（CSP, Center for Studies of the Person）によって創始され，2006年の夏で40周年を迎える。パーソンセンタード・エンカウンターグループを理解するのに，最も適切なプログラムではないかと考えられる。

　ラホイヤ・プログラムについては，ロジャーズ（Rogers, 1970）によって概要が紹介されている。アメリカ西海岸のカリフォルニア州サンディエゴ近郊の街であるラホイヤ（La Jolla）において毎年，開催されているために，この名称が付されている。筆者が参加したのは，1978年夏に開催された第12回のラホイヤ・プログラムであった。当時は夏だけで17日間のプログラムが3回にわたって開催され，アメリカをはじめ，ドイツ，オーストリア，イギリス，日本などから参加者があった。

　筆者がラホイヤ・プログラムにメンバーとして参加して，すでに30年近くの歳月が経つが，いま，あえてラホイヤ・プログラム体験を取り上げるのは，このラホイヤ・プログラムでの体験が，強力なグループ体験として，現在でも筆者のグループ体験や日常生活になお影響力をもち続けているからである。

ラホイヤ・プログラムに参加した直後の筆者の体験については，一部を公表している（安部，1982）。はたして，筆者に，およそ30年後までも影響力をもちえているラホイヤ・プログラムとはどのような特徴をもつのか。パーソンセンタード・アプローチとして，どのようなファシリテーションやグループプロセスを展開するのか，改めて検討してみたい。

2. パーソンセンタード・エンカウンターグループとは

　パーソンセンタードの立場を標榜するエンカウンターグループの特徴として，1960年代後半に頂点を迎えた人間性回復運動（human potential movement）の一環として，社会的背景を伴って生まれたアプローチであり，単に臨床経験だけから生まれたグループアプローチ技法ではない点があげられる（伊藤，2002，2005；田畑・鈴木，2002）。

　したがって，パーソンセンタード・アプローチの場合には，グループ・アプローチとしての「技法」よりも，その名称が示すように「人間」に対する関心が強い。人間としての成長，生き方，自己実現，といったことに，最も価値を置くアプローチであるといえる。このラホイヤ・プログラムは，ファシリテーター養成を目的としているが，このプログラムがファシリテーターとしての資格や免状を与えることはない。また，参加者であるメンバーに学位などの参加資格を要件として求めることもない。あくまでも「人間」その人に関心があるのである。

　また，名称として，これまでのように「ベーシック（basic）」ではなく「パーソンセンタード（person - centered）」という言葉を，エンカウンターグループに付するようになってきた理由としては，次のようなことが考えられる。

　最近のエンカウンターグループの傾向として，他の心理臨床の場合と同様に，学習しやすさを優先するあまりに，スキルやテクニックなどの「技法」中心になりがちである。グループをより「構成（構造）」する技法が歓迎されるあまりに，エンカウンターグループ本来の基本的哲学や思想が見えにくくなってきていることに対する危惧があるのではないか。そのために，あえてパーソンセンタードという言葉を強調することによって，この立場の特徴をより鮮明にし

ようとする心積りがあるように思われる。

3. パーソンセンタード・アプローチにおけるケース：自己の心理的成長の記録として

　ケースというと，通常は，クライアント（メンバー）という他人の体験が中心であることが多い。しかしながら，パーソンセンタードの立場としては，他人の体験だけでなく，自分の体験に焦点をあてたケース記録も，意味をもつと考える。というのは，自分の体験をケースとして記録することにより，自身の心理的成長の課題やプロセスを捉えなおすことが，ファシリテーター（セラピスト）を務める場合にメンバー（クライアント）の成長促進や心理的援助につながると考えるからである。

　また，自分にとっての体験の意味を明確にし，自分の心理的成長の課題を捉えなおすためのケースという発想そのものが，パーソンセンタードという立場だからこそ，可能なのではないかと，筆者は考える。

　すなわち，「クライアントセンタード（client - centered）」を強調するときには，あくまでクライアントのケース記録が中心にならざるをえなかった。しかしながら，パーソンセンタードを標榜することによって，クライアントだけでなく，同じパーソンとして，クライアント（メンバー）であれセラピスト（ファシリテーター）であれ，ケースとして「自己」を記録するという試みを可能にしたといえるのではなかろうか。

4. ケース：ラホイヤ・プログラム体験

4-1. ラホイヤ・プログラム体験までの私

　ラホイヤ・プログラムに参加する以前の私は，村山正治氏（現九州産業大学大学院教授・九州大学名誉教授）が主催されている福岡人間関係研究会のエンカウンターグループにメンバーとして参加したり，あるいは九州大学の先輩である野島一彦氏（現九州大学大学院教授）に誘っていただいて，エンカウンターグループのファシリテーターを何とか務めたりしていた。

何とかというのは，どうもエンカウンターグループ自体がもつ文化が，その当時の私には窮屈に感じられていたからである。このあたりの私のグループ体験については，「私のグループ体験」（安部，1979）として発表している。その当時の私は，言葉を使って相手とやりとりするのが得意ではなく，どちらかといえば，みんなと居るよりは1人で居るほうが気楽であり，偏屈な面をもち合わせていた。

したがって，当時の私のグループ体験における課題を，大まかに言えば，みんな（グループ）の中で，言葉を使って，いかに柔軟にやりとりができるか，ということであった。

4-2. ラホイヤ・プログラム体験での私

私のラホイヤ・プログラム体験については，参加後に，その当時私にとって最も印象に残っていた「トライ・アゲイン」「シェアー」「責任」「どう感じますか」の4つの言葉をキーワードとして報告した（安部，1982）。本章では，先の報告を踏まえながら，現在でも強く印象に残っており，その後の私に強い影響を与えているエピソードを中心に述べたい。

①ラホイヤ・プログラムへ出発

私は，個人でラホイヤ・プログラムに申し込みをし，1人で下宿先である福岡（箱崎）からラホイヤに向けて旅立った。といっても，出発前夜には，航空会社のストにぶつかり，チケットがキャンセルされるトラブルに巻き込まれてしまった。何とかハワイまでのチケットを確保し，乗り継いでアメリカ本土に到着したものの，初めての海外でのワークショップ経験であり，どのようにプログラムに参加するのかも知らない心細い旅であった。

ただ私には，ラホイヤ・プログラム参加経験者である村山正治氏や野島一彦氏などの話から，とても良いグループ体験ができるらしいという漠然とした期待感だけが，心の支えとなっていた。

コミュニティ・セッション

ラホイヤ・プログラムは，参加者全員によるコミュニティ・セッションから始まった。いわゆる自己紹介セッションであった。私自身も何とか英語での自己紹介を終えた。よくぞ自己紹介できたと思うが，その場の雰囲気に堅苦しさ

はなかった。家庭のリビングルームのような雰囲気で，参加者はソファやカーペットに思い思いに座り，参加動機などを語った。

　日本からは私以外に4人が参加していた。この4人とは，お互いの体験を交換し，後に述べるように日本に帰国後も交流を深めた。しかしながら，ラホイヤ・プログラムに参加するにあたって，私の中には，他に日本人が参加しているだろうという思いはまったくなかった。ただ，このコミュニティ・セッションのときに，フロム・ジャパンという英語を耳にして，中国系の人たちに見えるけれども，ひょっとしたら日本人かもしれないぐらいの印象であった。日本人とわかり，交流が始まるのはスモール・セッションが始まってからである。

　全体セッションを終えると，次はスモール・セッションと呼ばれる小グループ体験に分かれるが，どのグループに誰といった細かい事務的なことは，全体セッションではアナウンスはなかったようだった。でも，参加者は，それぞれ自分の小グループに分かれていった。どうしたものかと，私は自分のグループがわからないで戸惑っていると，エレベーターの中を見て来いと参加者から教えられた。エレベーターに行ってみると紙が貼ってあり，そこにグループ分けが記載されていた。

②スモール・セッションⅠ

　1）存在を大切にされる体験

　部屋に入ると，それぞれが自己紹介を始める間もなく，メキシコから来たという40歳前後の男性が立ち上がり，離婚のことを涙ながらに大声で話し始めた。セッションの開始に伴う，いわゆる沈黙といったものはなかった。以後のどのセッションにおいても日本でのような長い沈黙はみられなかった。また，ファシリテーターがセッションの主導権をとって仕切ることはなく，誰がファシリテーターであるかも，最初，わからなかった。

　私はみんなの話に耳を傾けながらグループに参加していたが，メンバーの1人であるドリスが「何が話されているかわかるか」と訊いてくれた。わかる話もあるが，わからない話もあると答えると，わからないときは，手をあげろという。そのときは話を中断して，グループで，どんなことが話されているかを教えてあげるという提案だった。でも，何だかグループの雰囲気を壊すみたいで「気が引ける」あるいは「すまない」と言いたいのだが，「気が引ける」「す

まない」がうまく英語にならない。ジェスチュアーで伝えようと悪戦苦闘しながら何とかわかってもらおうと試みたりした。

とりあえず、わからないときは、手をあげるということを提案してくれたことで、セッションの場に居やすくなった。ただ、メンバー同士のやりとりが早口になり、緊迫したものになると、やはり手をあげるのは難しかった。しかし、私の態度から、十分に理解できていないであろうことを察したメンバーが、要点を記したメモをまわして助けてくれた。また、あきらかに私の語学力では理解が困難であろうと思われる場面では、グループは立ち止まり、わかるかということを私に尋ねてくれた。私は、ドリスやグループに支えられながら、何とかグループに参加した。

これらの体験から私が学んだことは、私を大切にしてくれているということであった。「言葉（英語）」がわからないメンバーは切り捨てる、あるいは、置いていくということではなく、「言葉（英語）」がわからないメンバーであっても、そのメンバーも、一緒に進むというグループの姿勢が伝わってきた。

言葉が少々わからなくても仲間として加えてもらえるという体験は、私をグループの中に居やすくした。言葉に対する劣等感をもってはいるものの、そのことでグループの中に居ることに何ら遠慮はいらないというメッセージがひしひしと伝わってきた。

2）徹底して自分の話に耳を傾けてもらう体験

このことは、グループの中での相互理解においても同様であった。

たとえば、私は家族の中での長男としてのつらさを語った。自分の個人としての生き方と家族の中での長男としての生き方が相反する難しさに、私は、そのとき直面していた。そのことをグループで訴えるのだが、どうしても長男としてのつらさがわかってもらえなかった。個人として生きればいいではないか、なぜ、そんなに長男にこだわるのかというのがグループからの反応であった。

私としては説明するのに疲れ、もういいやという気分にしばしばなった。しかしながら、グループは、私がそういう気分になればなるほど、もう少し話してみたらどうだろうなどと私に食い下がってきた。それで、私のほうでも、さらに追加して日本の家族制度や文化のことなどを話したりした。本当に、こちらがもういいよと言わないかぎりは、しつこくメンバーがかかわってくること

に私は驚いた。気がついてみれば，私だけで1時間以上の時間を使っていたりした。

まさに言葉（英語）ができる，できないではなくて，伝えようとするのか，あるいは，わかろうとするのかの問題であるといったメンバーのかかわり方であった。私にとっては，話の内容よりも，このメンバーのしつこいぐらいの私に対するかかわり方が印象的であった。

このように徹底して話を聞いてもらえた体験によって，私はグループの一員なのだという安心感を増していった。自分が伝えようとすることに対しては，徹底して耳を傾けてもらえたという感覚は，現在でも私に強く残っている。

③**スモール・セッションⅡ**

1) **自分のスタイルを尊重する体験**

私は，自分の存在を大切にしてくれる雰囲気の中で，自分の気持ちをわかってもらうことができて心細さも解消し，グループの中に溶け込んでいった。

しかしながら，わかりあおうと試みることは，当然のことながら，容易な場面ばかりではなかった。わかってほしいことが伝わらなくて，対立や衝突がグループの中では何度も起きた。特に，イスラエルの歴史やアジアの文化に関する出来事を相互に理解しようとすることは困難を極めた。

伝わらない歯がゆさやイライラから，セッションの部屋を飛び出して自分の居室にもどるメンバーも出た。そのたびにグループは，中断や休憩を取りながらセッションは進んだ。このような場合，私のグループでは，メンバーを居室まで追いかけてセッションの場にもどる手助けをした。先にも述べたようにメンバーを置いていくのではなく，グループで進んでいく姿勢は一貫していた。追いかけてフォローするのは，必ずしも，ファシリテーターばかりではなかった。出て行ったメンバーに親近感をもったメンバーが追いかけ，一緒に寄り添ってもどってくることが多かった。

わかりあおうとする中で，私が戸惑ったのが，西欧風ともいえる激しい自己主張であった。自分の意見を言葉で主張して，決して譲らない。その激しい自己主張のスタイルに，私は違和感を覚えた。

私も激しく自己主張しなければならないのか。衝突が繰り返されるたびに私は思い悩んだ。私のグループはそれでも言葉だけでの激しさで終わっていたが，

隣のグループの部屋では物騒な物音が響いたりしていた。後で聞くと，メンバーの1人が椅子を投げつけた音だった。

私には激しく自己主張するスタイルが，自分に合っているとは思えなかったし，どうも言葉が激しいわりには，主張している本人の実感（感情）からは離れているのではないかという気がしてならなかった。

それで，私はあなた方のように，激しく主張しなければならないのかと，グループに問うてみた。これに対して，ドイツから参加していたアンドリアは，「そんなことはない。あなたはあなたのスタイルを大事にしたらいいじゃないか」とフィードバックを返してきた。ただ，サンフランシスコから来ていた生粋のアメリカンであるメアリーは，徹底して言葉で自己主張することを訴えた。言葉で自己主張することがなければ，わかりあうことは難しいのではないかというのが，彼女の言い分であった。

どちらかといえば，ヨーロッパ勢はアンドリアに味方し，アメリカ勢はメアリーに加担している様子であった。私としては，メアリーのスタイルを否定するつもりはなかった。ただ，自分のスタイルを大事にしたらというアンドリアのコメントのほうが，自分には合っているように感じられた。したがって，その旨をグループには伝えた。

2）自分の実感を大切にする体験

ラホイヤ・プログラムでは，メンバーはセッションの中だけでなく，休憩の時間やセッション外の食事の時間などに，カフェテリアや木陰でしばしば語り合った。

グループ・アプローチの流派によっては，セッション外での交流を禁止したり，抑制したりする立場もあるが，ラホイヤ・プログラムの場合には，むしろ，セッション外でのメンバー同士の交流を促進していた。私も多くのことをこの語らいから得た。

私がカフェテリアの使い方がわからなくて困っていると，メアリーが助けてくれ，いっしょに食事をすることになった。

メアリーは大学院の博士課程の学生だった。私と同じ大学院生ということで，アメリカでの大学院の様子をきいてみると，ずいぶんとカリキュラムなどが違っていた。詳しくきいてみるとメアリーが通っているのは professional school

の博士課程（Psy. D. course）だという。そのとき初めてアメリカでは professional school が誕生していることを知った。彼女は California School of Professional Psychology のバークレイ校に在籍していた。

　メアリーに，言葉で激しく自己主張する割には，言葉に実感が乏しい感じがするという私の疑問をぶつけてみた。あなたはどう感じるのか（How do you feel now?）という問いがセッションの中で盛んに行われていたが，私からみると，それに対する答えが，言葉のうえだけでのことであり，表面的に見えていたからである。メアリーは困惑したような表情をしたが，すぐに彼女のスタイルで応じてくれた。以下は，彼女とのやりとりの断片である。

　「お互いのやりとりが速すぎないか。もう少しゆっくりと間（ま）をとって伝えることがあってもいいのではないか」と私が問うと，「それは沈黙ということか，沈黙は苦手だし，沈黙では伝わらないと思う」ときっぱりと答えた。
　また，「自分の気持ちに合った言葉を探す時間があってもいいのでは」と問うと，「どうやって探すのか。話すことによって言葉を探すのではないのか。相手とやりとりすることによって探すのだと思う。言葉に出すことが気持ちの表れだと思う」と明快に応えた。さらに，私が，「言葉に出さない気持ちというのもあるのではないのか」と迫ると，「では，言葉に出さない，出せない気持ちはどこに行ったのか」と，今度は彼女が私に問い返した。
　私が，「どこにも行かない。自分のからだ（身体）の中にそれはある」と発言するやいなや，「あるかないかは，私には，わからない」と彼女は甲高い声で言い放った。

　メアリーと私のやりとりは，なかなか近づけなかった。しかし，私自身はメアリーに近づけた気がした。少なくとも，メアリーと私との間を隔てているものが何であるかは明確になった。
　メアリーは言葉でのやりとりを大切にしているし，私は沈黙に意味を見出している。私はからだ（身体）をも気持ちを表すものとして捉えているが，メアリーは，あくまで言葉こそが気持ちを表現するものだと主張している。
　このメアリーと私の違いは，何を自分の実感の根拠とするかということでも

あるだろう。彼女は言葉を重ねることで，自分を感じようとしているし，私は言葉だけでなく自分の身体にも自分を感じようとしていた。

このラホイヤ・プログラムでのメアリーとのやりとりは，その後，私自身が自分の得意な領域を発見し，自分の実感の根拠を確実なものとする上で，持続的な刺激となった。

④**スモール・セッションⅢ**

寄り添ってもらう体験

人との出会いが強力なものであればあるほど，別れはつらいものであった。ラホイヤ・プログラムの最終セッションは，始まりと同様に，コミュニティ・セッションであった。それぞれが，このラホイヤ・プログラムで体験したことを振り返って語り，お互いの体験をシェアーするというものであった。

私はどちらかといえば，コミュニティ・セッションは苦手であったが，この最終のコミュニティ・セッションは印象に残る体験となった。私自身はメンバーから多く助けられ，支えられもしたが，はたして私自身は他のメンバーに何かできたのだろうかとやや無力感にとらわれ始めたときだった。アンドリアが言った。直後の体験報告（安部，1982）から引用してみよう。

「ドイツから来ていたアンドリアという女性がアベが自分をとても help してくれたと泣きながら言ったのです。とても意外でした。ミーティングなどでは口論はしても涙などはみせたことのない鼻柱の強いドイツ娘でした。その彼女が涙をみせたことも意外でしたし，私が感謝されるほどに helpful な存在だったことも意外でした。私自身うれしいというよりも，からだがふるえました。私なりの態度が通じたのだと手や膝がガクガクなりました。ほんとうによかったと思いました」

このコミュニティ・セッションが終わると，参加者は，いわゆる抱擁をしながら，また会おうといった言葉を交わしながら，別れの挨拶を行って，私からみると，いとも簡単に，その場を去っていった。

私には，瞬く間といった別れであった。今まで親しくしていた人々が突然にいなくなって，どう対処していいか私はわからなくなってしまった。別れのつ

らさを感じる間もなく，一気に「何か」が押し寄せてきて混乱してしまった。

とにかく身体が動かなかった。へたりこんでしまって身体が思うようにコントロールできなくなった。みんなが去っていった後に自分の居室にもどり，私はベッドに腰掛けて，憔悴しきった。

そんな私に，メンバーの1人が居残ってくれ，私が動けるようになるまで，じっとそばに付き添ってくれた。時間にしてどのくらいであろうか，2時間から3時間であったろうか。

私は今でも，ただじっと寄り添ってくれたメンバーに感謝している。私はおかげで，次へ動きだす元気を取り戻し，サンディエゴ空港へと向かいアメリカ人間性心理学会の開催地であるカナダのトロントを目指すことができた。

私にとっては予想を超える別れの衝撃であったが，私は，この体験を通して，じっとそばに一緒に居てくれる人の存在の大切さを学んだ。何かをするのではなく，具体的には何もしないのだが，とにかくその場にいっしょに居ることが人の力になりうることを，この体験から学ぶことができた。

ラホイヤ・プログラムが強調しているパーソンセンタードとは，このように相手と寄り添う，あるいは一緒に居るということではないかと私自身はそのときの体験から理解した。日本に帰ってきてから，私は友人や家族や男女の関係で「寄り添うこと」「一緒に居ること」を大切にするようになった。そのことにより，偏屈だった私の人間関係は少しずつ楽になり，無理をせずに人と居ることができるように変化していった。

4-3. ラホイヤ・プログラム体験の後

ラホイヤ・プログラムが終わった後に，日本から参加したメンバー4，5人で年に1回か2回ほど集まって，その後の近況などを報告しあった。ときには，海外から日本に遊びに来たラホイヤ・プログラムのメンバーも加わった。

この集いには，次の2つの意味があるように思われる。

①日本文化への溶け込みの促進と支えあい

1つは，この集まりによって，日本に帰ってきてからの日本文化への溶け込み，いわゆる再適応が促進されたように思う。ラホイヤ・プログラムはある意味で，エンカウンターグループ文化ともいうべき独自のスタイルをもち合わせ

ており，それぞれが所属している文化とは衝突しやすい要素をもち合わせている。たとえば，上にも述べた自己主張のスタイルとして，個人的に強く主張することを自分のライフスタイルとして身につけたメンバーもいたりする。そのようなメンバーにとって，帰ってきてからの日本の文化の中では，職場の人間関係などに思いがけず対立や衝突を生み出しかねない（畠瀬，1984）。

ラホイヤ・プログラムの中では，自分では，ある程度，抑え気味であっても，自分の文化の中にもどると，強く自己主張してしまう結果となりやすい。

そのような日本に帰ってからの，違和感や生き方を語りあう仲間を得ることによって，お互いの生き方を微調整しながら徐々に日本文化の中に溶け込み，再適応していくのを支えあった。

②日本文化の再発見と「自己」の問題の共有

ラホイヤ・プログラムでは，アメリカやヨーロッパ，アジア，イスラム，アフリカなどの文化的背景をもった人々と接することによって，結果として，日本独自の文化とは何なのかを問われることにもなった。日本文化の独自性は何なのか。そのことは，当然のことながら，日本人としての私の独自性は何なのかという「自己」の問題でもあった。

日本に帰ってきてからのラホイヤでの仲間の集まりが，京都などの場所で開催されたのも偶然ではないように思う。とにかく，みんなは日本を恋しく感じており，その気分を共有しあった。共有しあったものは，寿司などの食べ物や和服などの服飾であることもあったが，より日本文化の歴史性が強く感じられる場所を自然と好んでいたように思う。

たとえば，それは神社仏閣であった。神社仏閣の仏像や建造物が，これまでとは異なって新鮮にみえたり，また神社仏閣の空間そのものを，自分たちの懐かしい居場所として，神妙な気分をそれぞれが味わったりした。そして，私たちの（私の）独自性とは何かを神社仏閣の一隅で語りあった。私たちの独自性とは，このような歴史性のどこに現れているのだろうか，いや現れていないのだろうか，と議論を深めた。

ラホイヤ・プログラムが縁で始まった仲間付き合いは，「自己」の問題を共有することによって，お互いの人生を刺激しあって現在に至っている。

5. 私のグループ体験とファシリテーター

5-1. 体験のための安心感のある場づくり

　以上，述べてきた私のラホイヤ・プログラム体験に，ファシリテーターはどのようにかかわったのかを考えてみよう。私の中に体験としてあるのは，ファシリテーターは私がこれらの体験を試みることができるように，グループの場作りをしてくれたということである。

　英語でのコミュニケーションが十分でない私が，見知らぬグループの場で思い切り自分を試し，また自分を探索し，グループのメンバーからのフィードバックを受け止めやすいように，安全で安心感のあるグループの場をファシリテーターは提供してくれた。日本におけるファシリテーター研究でも野島（2000）や安部（2006）によって，グループの安心感のある場作りの大切さが指摘されている。

　ラホイヤ・プログラムでは，ファシリテーターはラホイヤ・プログラムの経験者から選ばれるようであったが，私のグループのファシリテーターの1人は，「私はあなた方よりも1回だけラホイヤ・プログラムの参加回数が多いだけのことですから」と言って，メンバーを笑わせた。私は，ファシリテーターではあるが，あなた方とは何ら変わりはありませんというのが基本的態度であった。頼りないといえば頼りないが，とても誠実さが感じられ，グループの居心地はよかった。

　彼とのやりとりで忘れられない出来事がある。彼は顔にひげを蓄えていたが，そのこともあってか，グループの中での彼とのやりとりのときに，私は彼に怖さを感じた。それで，あるとき私は彼に，「あなたはひげを生やしており，ライオンのようで，あなたとやりとりしていると，とても怖くなってしまう」とつい言ってしまった。すると，次のセッションに現れた彼は，ひげを見事にきれいさっぱりと切り落としていた。「どうだ，アベ，これで怖くないか」と彼は私に尋ねた。私も他のメンバーも驚いた。まさか彼がそのような行動に出ようとは予測していなかった。私が頷くと彼も安堵した表情であった。

　私は，彼のこの行動に彼の人間味を感じたし，一緒にグループをやっていけ

る人だなと信頼もした。他のメンバーもそうだったに違いない。

5-2. 1人の人間としての参加を強調

　ラホイヤ・プログラムのファシリテーターだからという特別の技法やエキササイズを体験した覚えはない。技法やエキササイズなどは，ラホイヤ・プログラムでは，むしろ嫌われ避けられていた。
　たとえば，ロールプレイなども，メンバーから提案があっても，退屈だ（boring）として他のメンバーから拒否されることが多く，スタッフも明らかに嫌悪感を示す場面に何度か遭遇した。
　パーソンセンタードの立場のファシリテーターの特徴は，リーダーであるファシリテーターが熟練者として権威化するのを避ける点であろう。このことは，ラホイヤ・プログラムの案内書には，次のように人間中心のグループ・リーダーシップについて述べられている（Rogers, 1970）。

「ファシリテーターがグループの中にどのような種類の熟練者としてでもなく，ひとりの**人間**として参加するとき，グループとファシリテーターの両方に，最大限の成長があることを強調する見解である」

　このことは，ロジャーズ自身においても同様であり，ラホイヤ・プログラムの中で，ロジャーズがエンカウンターグループの権威者として振舞うことはなかった。あくまでも参加者の1人としてのロジャーズであり，カール（Carl）とファーストネームで呼ばれることを好んだ。
　ラホイヤ・プログラムでの私の体験を振り返るとき，ファシリテーターは何もしなかったわけではなく，私がファシリテーターのおかげだというかたちで体験しなかったということであろう。このような体験のしかたにこそ，村山（2005）も指摘するように，ラホイヤ・プログラムのねらいとするパーソンセンタード・アプローチの特徴が表れているように思う。

6. おわりに：私が私になるためのプロセス

　ラホイヤ・プログラムは，私に，人は安心できる場の中で自分に挑戦するものだということを教えてくれた。私自身，ラホイヤ・プログラムの中で，思い切り自分に挑戦することができた。日本に帰国し，日常生活の中で，それまでの言葉でのやりとりに対する苦手さや人間関係に対する煩わしさは減少した。むしろ，人に対する関心が増加し，人との関係を楽しもうとする自分を意識することができた。また接する人を毛嫌いするのではなく，信頼することによって自分自身への信頼感も増すのだということに改めて気づいた。さらに，自分を卑下したり犠牲にしたりすることよりも，自分の好みに対して肯定的な自己像を思い描くことによって，変化しつつある自分を実感できた。

　結局のところ，私はラホイヤ・プログラムによって，パーソンセンタード・アプローチとは，私が私になるためのプロセスであることを学んだのだと思う。

文　献

安部恒久　1979　私のグループ体験（Ⅱ）九州大学教育学部心理教育相談室紀要，5, 80-87.
安部恒久　1982　私のラ・ホイヤ・プログラム参加体験　九州大学心理臨床研究，1, 97-112.
安部恒久　2006　エンカウンター・グループ―仲間関係のファシリテーション―　九州大学出版会
畠瀬　稔　1984　エンカウンター・グループ経験における日米比較研究　人間性心理学研究，2, 79-97.
伊藤義美編　2002　ヒューマニスティック・グループアプローチ　ナカニシヤ出版
伊藤義美編　2005　パーソンセンタード・エンカウンターグループ　ナカニシヤ出版
村山正治　2005　ロジャースをめぐって―臨床を生きる発想と方法―　金剛出版
野島一彦　2000　エンカウンター・グループのファシリテーション　ナカニシヤ出版
Rogers, C. R.　1970　*Carl Rogers on encounter groups.* Harper & Row. （畠瀬　稔・畠瀬直子訳　1982　エンカウンター・グループ　創元社）
田畑　治・鈴木真之　2002　ヒューマニスティック・グループアプローチ　伊藤義美編　ヒューマニスティック・グループアプローチ　第1章　ナカニシヤ出版　pp.3-18.

付記：ラホイヤ・プログラムの参加者である浪原勉さん，周子さんご夫妻には多くの友情とご支援をいただきました。記して感謝もうしあげます。勉さんの病との闘いが，いつもの勉さんがそうであるように，決して屈するものでないことを祈ります。

9

サポートグループ：2つのグループ・ケース

村山尚子

1. はじめに

　近年，学校やコミュニティまたはコミュニティのケアシステムにおいて，ある何人かの人々が共通してもつ問題や困難な状況を乗り越えるために，あるいはその事に向き合い，それを抱えて生きる勇気を得るためにも必要とされる相互援助グループ（セルフヘルプグループ，サポートグループなど）が立ち上げられることが多くなっており，心理臨床の領域でも注目されてきている。

　高松氏は「サポートグループ（Support Group）とは，特定の悩みや障害を持った人たちを対象に行われる小グループのことである」とし「その目的は参加者が抱いている問題を仲間のサポートや専門家の助言を受けながら，解決あるいは受容を目指すものである」「専門家あるいは当事者以外の人々によって開設，維持されるが，参加者の自主性，自発性が重視される相互援助グループである」（高松里著「セルフヘルプ・グループとサポート・グループ」p.93）と述べている。また，うつ，気分障害協会（MDA-JAPAN）でも患者自身のセルフヘルプグループ（当事者のグループ）やサポートグループの実践がなされており，「サポートグループは，専門家の関与が特徴としてあげられ，基本的には参加メンバーは共通して困難な問題あるいは症状を持ち合わせていることに特徴がある」としている（「メンタルヘルス事典」増補新訂版 p.897）。

　また高松氏は先述の著書の中でサポートグループは長期にわたって継続するものもあるが，短期のものは1回から数回のものまで含まれると述べている。それは筆者が経験したサポートグループをみてもいえることである。またサポ

ーターのためのサポートグループも効果的である。1つのコミュニティ中では(たとえば福岡人間関係研究会のような心理的な意味において日常的継続的なかかわりがある場合も)、誰かが一時的に困難な状況に陥ったとき、何人かのサポーターが緊急にまたは長期に援助にまわることがある。そんなとき個々別々にかかわると物理的にも精神的にも負担が多く、ややもすると共倒れになってしまうこともあるが、サポーター同士がお互いに援助的な関係をもつための集いを早急に作ることで難局を乗り越えられることも体験している。

おおむね長期間続いているサポートグループは、ある悩みや障害を受け入れていくプロセスを共有してともに生きながら、どちらかといえば解決とか解消を主たる目的とするよりは成長志向的なグループとして存続し、心の居場所となるような機能をお互いに求めあって集うグループであることが多い。これに対して短期間で終了するサポートグループはメンバーが意図して目指す目標が明確であり、目的達成、あるいは達成感が短期間で得られやすい場合が多い。

しかしグループ存続の長期間短期間にかかわらず総じてサポートグループの様相や意義について特に筆者が明確にしたいところは、メンバーによる主体的なモチベーションをもとに、そこに起こってくる様々な感情や選択の過程を共有することが重要な要素として捉えられていること、そしてその過程で安心感が育まれ、信頼関係が築かれていく、このプロセスが尊重され大切にされているということである。育まれた関係性をベースに、メンバーは今をより豊かに生き、一歩を自分なりに歩く勇気なり自信が得られること。ときには新しいアイデアが出てきたりするが、試行錯誤しながらも創造的な行動をとることができるようになっていくという様相がみられるところに大きな意義を感じている。これは言うまでもなくPCA(Person-Centered Approach)の様相そのものでもあり、したがって筆者の経験からサポートグループをいう場合、パーソンセンタードのサポートグループと呼び、両者の特徴をつないで表した方がより内容に近い表現になるように思われる。

今回は執筆の機会を与えられたので、筆者がかかわったサポートグループのうち長期にわたって(25年)継続しているグループと6回実施して目的を達成した形で終了したグループをとりあげた。

(掲載についてメンバーの許可は得ているが、記述に際してできるだけ個人

は特定できないように配慮している。)

2. 女性のライフステージ（成年期から）をともに生きてきたグループの事例

　子どもの問題に悩む母親として～中年期老年期を生きる女性として（主婦のための火曜会　月1回　午後3時間）

2-1. 発足の経緯
　タイトルにあるように，このグループは当初，子どもの問題に悩みを多く抱えた母親たちの集まりであった。

　25年前筆者は，数年の間カウンセリング業務の他に，T. ゴードン博士（シカゴ大学大学院でロジャーズ博士から学んだ）が開発した人間関係のトレーニングプログラム（日本では，親業訓練— Parent Effectiveness Training —）のインストラクターであったことがある。一般の家庭向きに広くPRして講座を持った。当時（1980年）は日本において親業訓練協会（近藤千恵理事長）が発足して，この講座が全国ネットで開催されるようになっていた。

　筆者がいくつかの講座を重ねて開催しているうちに，その8日間の講座を終了した参加者の中から，これからは何か自分たち自身が安心できるような心の居場所が必要な気がする，自分たちの集まり場が欲しい，という有志が現れた。これをきっかけに，筆者はインストラクターとしての立場を後継者に委ねて，自主的な集い（サポートグループ）に関与し始めた。そのグループが思いもよらず現在まで25年間続いていることに筆者のみならずメンバーたち自身が驚いている。先日あった集まりでもそのような話題で盛り上がった。この様子からすると今後も続いていくようである。

2-2. メンバー構成，場所
　この会は当初7名から発足した。現在まで中核になるメンバー4，5名が中心になって継続している。セミ・オープン・グループとしての形を保ち，照会などがあった場合，そのときのメンバーが承認したときのみ新メンバーを受け

入れることにしてきている。したがってメンバーの移動は緩やかである。コアメンバーは当初からずっと同じである。月1回の開催日には通常5名〜7,8名,多いときには10名になることもあった。ニュースレターを交代で作っていたころもあったが,長くは続かなかった。開催日にしばしば筆者は参加できないことがあるが,コアメンバーが部屋の鍵を持ち,開催している。参加費は1回1500円である。

場所は,通常筆者のオフィス(心理教育研究所・赤坂)を使用している。ときにはメンバーの自宅で集まるときもあり,また郊外に出かけるときもある。

2-3. 子どもの問題に悩む親としての約10年間

当初集まったメンバーは,不登校児,学校にやや不適応状態の子ども,勉強をしたがらない子ども,引っ込み思案な子,逆に友達と外に出歩く中学生,場面緘黙状態の子ども,家からほとんど出ないいわゆる引きこもりの青年など小学生から20歳台の子どもをもつ母親たちであった。

先に少し触れたようにこのメンバーは,T. ゴードンのプログラムにより親と子のコミュニケーション(3つの方法 ①傾聴,②私メッセージ,③勝負なしのコミュニケーション)を中心に学んだ人々である。

何故このサポートグループが必要だったのだろうか。

1つは,メンバーにとって,そのプログラムを学んでわかったことが,自分たちの抱えている悩みや苦しみは簡単には解消しないもののようだということ。

また,「傾聴」を学び,子どもの気持ちに寄り添う方法を体験的に学んできたが,むしろいまの自分自身の気持ちはというと,子どもの気持ちを十分に抱えられるほどの受容能力をもち合わせてはいない。生き生きとした関係の中で子どもの気持ちを感じようと習っても,どうしてこの子どもの状態や気持ちが受け入れられるのか,とてつもなくわからないということに気づいていった。自分自身が心もとなく,相手の気持ちを聞けるような状態でないことを知ったということであろう。むしろこの私の気持ちを誰かにもっと聞いてもらいたいということであった。

そして,3つ目にとりわけ大きいことは,苦しいのは自分だけではないのだ

仲間がいるのだということを知り，この仲間とともに自分たちのことを本音で語りあいたいという思いが生まれてきたのである。

　1回目の集まりでは，本当に盛りだくさんの言葉が交わされ，筆者が入れたお茶を口にするのが精々，という状態であった。

　思いもかけないわが子の最近の様子に戸惑い，ただ怒りと涙で嘆くメンバー。毎日毎日家で子どもと目が合うだけでも恐怖だという気持ち，そんなときには自分の方が家から逃げ出したくなる。親として失格ではないか。何故こんなことになったのか，春になっても桜が美しいとも感じない苦しさ。世間はまぶし過ぎる。……涙ながらに思いを語り合った。

　会を重ねるうちに，少しずつこの場が本当に自分たちの心が休まる所だと感じ始めてきた。楽しみ事もここではみんなと一緒に楽しんでいいのだという自分へのいたわりの感じが起こり，まず変わってきたのは，（さすがに主婦ばかりの会）おいしいものを作って一緒に味わおうという雰囲気になってきた。そして一緒においしいものを頂くことで一層仲間とともに居るという感じが生まれた。言い換えるならば，社会的なつながり感（人間は社会的存在である）をもち始めることによって，自分自身をこのままの自分でいいと受け入れられるようになっていったと思われる。料理や生活上の身近なことで新しいアイデアを生み出し，それを仲間と賞味しあうことで，嬉しさがほのぼのと湧き起こる。筆者もそのとおりの感覚に包まれていった。

　どのようにしてこの料理ができたかのレシピの交換があり，メンバーの何人かはあんなに億劫だった料理を自分の家庭で少しずつ家族のために作ることも楽しめるようになっていった。徐々に，子どもについての話題も変化していた。一歩も家から出ず，部屋に掛かっているカーテンをカッターナイフで切り裂いていた中学生が，小さいときから好んで行っていたある習い事だけならば，と外に出かけるようになったとか食事のときに居間に出てくるようになったとか，目を見ながら普通に話ができるようになってきたとか……。この間に3年5年が経っていた。完全に不登校だった子どもがスムーズに登校を始めたという話題は出なかったものの，子どもの小さな変化を喜ぶことができたり，親の子どもへのイメージが変わっていったことは確かにあった。家にだけ引きこもっている子はいなくなっていた。

10年経ったころには，あるメンバーの子は，あれだけその子どもにとって重たかった親の「職業」を継ぐ決心をして大学に入って学んでいた。別の子どもは，義務教育期間は学校に出なかったものの通信による勉強で大検に合格して自分の方向を見つけていった。自分のことは自分ですると言い残して親元を飛び立った子もいる。また自らの力でアメリカ行きを決意し，そこで就職までつかみ取った子。また高い理想を掲げ，生き方や自分像を頑なに守っていたことから決別し，現実との折り合いをつけて大学選びすることができていった子。実務資格をとって歩き出した子。対人関係においては相変わらず寡黙ではあるが，何とか自分に合った職業に就けて，その後現在もずっと真面目に携わり続けている青年期も終わりに達した人。等々。

　子どもたちが社会人として成長し，結婚の話題が飛び出すころにはメンバーもしっかり中年期熟年期に入っていた。当初の悩みに関してはそれぞれ落ち着きをみせていたので一応グループの解散案を筆者から出した。次の会までそれぞれが考えてくることになった。結果はこれからの自分の人生をこの仲間とともに生きたい，という結論になった。

2-4. 中高年を肯定的に生きるために

　次のステージに入ってもおいしいものはテーブルに並んだ。だんだんと身体にいいものという触れ込みのレシピが多く織り込まれていた。そして自然に出てくる話題の多くは自分自身のことが多くなっていた。新たな自分を生きるために月1回の集まりを楽しんだ。この時期から新しく参加を始めたメンバーもいる。

　この10年間，一時期中断して離れることになった人もいるが，メンバーは，それぞれが自分に合った方向でチャンスを見つけては行動に移していった。カウンセリングに関心をもち，勉強を始めて，電話相談員の活動を始めたメンバー。また地域の人から推薦されて民生委員として働くようになった人など社会的なボランティアとして貢献することになった人，登山に夢中になっていった人，ミュージシャンの追っかけを楽しみ，行ってきたコンサートの話をしてくれる人，畑仕事が一番好きになったと言っては季節の野菜をメンバーに配ってくれる人等々……みんな違ってみんないい……の感じが実現されてきた。マズ

ローの自己実現構成図が重なるかのようにメンバーは自分の欲求を満たそうとそれぞれが生活しているようにみえる。それぞれ違った1か月の体験をして嬉々として集まるので話題が多くなってきた。

このようなグループを地域の中で創りたいと思っている人もいる。特にこれから自分たちにとってもどんどん必要になる老人のグループホームを設立したいという。今，このグループでの最高齢メンバーは70歳の大台を越えている。家族の話題となると，孫の話題も多くなってきた。結婚している子どもの離婚の問題もある。メンバーの夫の死に際してみんなが支えてきたことも最近のこととして記さなければならない。

2-5. メンバーの感想

この機会に，今も参加しているメンバーにグループについての感想を話してもらったり記述してもらった。

・私にとってこの火曜会はいつも自分を見つめなおす場所です。というよりある意味自分が本当に生きている場所かな。
・この会がなかったら私はどんな人？　になっていたか……と思うと恐ろしくなることがあります。色々の出来事を心から吐き出して，わかってもらえて安心したり，違った考え方があることに気づいたり，ときどきは自分の生き方の軌道修正をさせてもらったりしています。
・ほんの小さな自分の家のことも安心して皆さんの意見や考えを伺えるのでホッとします。肩がスーとすることも多いです。日常家にいて何か出来事があって，自分の考えがまとまらないときなど，お会いしてなくても「皆さんどんな風に考えられるかしら」とちょっと自分の堂々巡りから「間」をとることができたりして，楽に生きていけていると思います。
・何事でも受け入れてもらえて，理解していただけるメンバー，人生の先輩たちと25年間もお付き合いが続きますと，姉妹よりも私のことを理解してもらっているのではないかと思えることがあるくらいです。
・近所の人とのお付き合いではないので，限りなく素直に話せるように思います。
・主婦の付き合いはどうしても近所付き合いの域を出ないようですが，ここ

は何かすごく社会とのつながりっていう感じがしています。そして自分にとって自由な場所です。
・本当に助けられました。

3. ある女子中学生にかかわる人々のためのサポートグループの事例

（学校の先生と両親のグループ　6回）

3-1. サポートグループ成立の経緯

　X年12月13日にある中学校の養護教諭から筆者に相談申し込みがあった。筆者は週2回F市の教職員互助組合から専任相談員の委託を受けている。この養護教諭が在職していた中学校は当時まだスクールカウンセラーが配属されていなかった。学校内でY子さんの対応に困り，混乱しているということであった。

　Y子さんはもともと小学校時代から（生来言語の構音障害があり，言葉の発達もやや遅れがみられたこともあって）いじめられやすい生徒であったらしいが，中学校においても表面には出ないいじめの対象になっていたようである。しかし親も学校の先生も本人に身体症状が出るまでそれに気づかなかった。ところが中学1年の3学期になって廊下や階段で倒れるようになり，H大学病院に3か月入院（神経内科，耳鼻科）し，精密検査を行った。身体機能の異常は認められず，親子関係に問題があると説明された。退院後もしばらくは歩行できず車椅子を使っていた。2年生になりぼちぼちと歩けるようになって通学を始めた。1学期間はときどき倒れることはあったが担任（体格のしっかりした男性）が保健室まで背負って連れて行き休養させるなどして何とかしのいできた。ところが2学期も終わりになったころには症状がどんどんひどくなり〔具体的には記述を控えたいが症状を聞きながら筆者は身体表現性障害，解離性障害（DSM-Ⅳ）を想定した〕。大事故が発生する可能性のある行動をも起こす状態になった。学校側では当面生徒の安全を保つことが困難な状態であると判断し，父母に対して一時期自宅待機をしてもらって，適切な対応を考えたいと申し出た。

学校から再々報告があるものの，家庭内ではそのような症状はないので，父母は学校に問題があるのではないかと考えた。その上で本人から様子を聞いたところ，いま数人の男子生徒からいじめられている，男子生徒が怖い。小学校低学年でも男子生徒からいじめられていたが，高学年では先生から守られて無事に過ごすことができたということがわかった。両親はいじめが続いていることを早速担任に伝え，担任は急いで対応に当たった。名指しを受けた数人の男子生徒たちは親とともに担任から話を聞いて，自分たちのしたことの重大さがわかり，Y子さんや家族に担任とともに謝罪に行った。

このような状態のときに養護教諭から筆者に連絡が入ったのである。そして親はもう二度と病院には行きたくないと言っているようであった。だからこの相談室にも来所するかどうか疑われる。しかし今のところ相談する知人や専門家はいないようなので是非面接を受けに行かれるように勧めたいということであった。

3-2. まず個別に面接

X年12月20日，親より先に来所されたのはクラス担任の先生であった。両親は養護の先生から筆者を紹介されたとき，自分たちも行くが，学校での問題なので先に担任が行ってほしいということであった。そしてその翌日の21日に母親が訪ねてこられた。

担任の面接では，クラス生徒や親たちへの対応もあるし，何よりもY子さんのことをどう理解していけばいいかと困窮しておられる様子がひしひしと伝わった。そして担任はY子さんとはお互いに気持ちは交流できると言われるが，両親とはお互いに通じにくい状態であり，ひどく疲れておられる様子であった。筆者は担任の大変さをしっかり心で受け止め，今まで対応されてきたことを理解し，これからはご一緒にこの状況をしっかり見極めながら一歩一歩進んでいきましょうと伝えた。表情がほっと和らいだ。

Y子さんの母親のほうは，現在Y子は自宅待機させられているが，家ではまったく何事もなくむしろ退屈しているだけだ。と学校側の処置に不満をあらわにされていた。筆者はまたしっかり話を聞いた後に，母親の今の気持ち，そしてこれまでの子育ての苦労などを心からねぎらった。母親は号泣された。

筆者はそれぞれ別に会ったが，対立しているようにみえても実はそれぞれがY子さんのために真心をもって当たっていることがわかった。ただそれぞれにとってこの現状をどのように理解していいのか見当もつかないし，ましてや一歩先の見通しも立たないことでただもどかしくて苦しんでおられるように感じた。筆者はその気持ちを母親にも伝えたし，担任や養護教諭にも伝えた。そして当面は大変辛いだろうけれどY子さんのために一歩ずつ一緒に道を見つけていきたいという旨を伝えた。

すると翌日の22日午前，学校側（養護教諭が窓口）から要望が入った。そして速急にその日の午後には両親も合意した上で，学校でY子さんとかかわっている人たちが筆者のオフィスで集うことになった。

3-3. 第1回 サポートグループ 12月22日

教頭（男性），クラス担任（男性），学年主任（音楽担当女性），母親，筆者の合計5名が集まった。

あいさつの段階でもう先生方それぞれが，自分たちは教師であり学校では指導する立場にあるのだが自信がもてないということを交々正直に言葉にしていた。担任と母親は，昨日と一昨日と当所で面接した後は少し気持ちが楽になったとあいさつした。その後，筆者が「このようにして一同に会することができて胸が何かいっぱいになっている。これから一緒に歩く道の入り口を見つけていけそうな気持ちがしている」とあいさつし，担任と母親に会って現状がだいぶわかってきたことを伝えた。これまでに得た情報から想定できることは，Y子さんには，長期にわたって，いじめとか，大きな集団にいることからくるプレッシャーなどが重なっている。そして苦しい，怖い，不安といった彼女にとっては堪えがたいほどのこころの体験が続いていたようだ。しかしどうもそれを意識して誰かに話したり絵やイメージなどで表現をしたりすることができないままに現在まで来ているようだ。彼女にとってはこういう形で（いわば症状のようにして）表現せざるをえないのではないかと考えた。そして担任の先生始め学校も，親の方もこの事態を乗り越えられるよう切に望んでいるのだが，未だに先を歩く道が見えない状態で困っている。しかし，ちょうど今，学校側の要望で自宅待機をしてもらっていて，良い手立てを見つけようとしている状

態なので，今ここを仕切り直しの出発点と考えてみると，これからは一緒に歩いて解決の道を創っていけるかもしれないと思う，という主旨のことを発言した。

　教師側からは堰を切ったように母親に質問が投げかけられた。「Y子さんは小学校のときからいじめについて誰にも伝えていなかったようだけれど，親御さんはまったく知らなかった？」「責任転嫁するわけではないけれど，いじめの責任，誰がどうしたとか，学校の責任とか，結果はどうなっているのか，などせいても急げば急ぐだけ追及的になって……学校全体が緊迫してくる」「担任の様子を見ていると最近はもうボーとして，心の中が真っ白という感じ，校長も疲れてしまっている」「そうです。だんだん誰がやったとか，誰が悪いとかいう犯人探しのようになって学校は殺伐としてきている」「1人1人の心の痛みについて考えることは大事なこととはわかっていても，どのようにクラスの子どもに伝えればいいのか……」等々，それぞれ苦しい心情を表現した。母親（父親）のこれまでの態度について責めざるをえない先生方の心情が見えた。

　筆者はその気持ちを感じとりながらも，そこにいる母親に向かって，これまでこの子を育てていく上での苦労は大変なことだっただろうとねぎらい，どんな場合も親は子のために頑張らざるをえない，そういう日々だったであろうと触れた。母親はまた泣き伏した。そんな母親に対して先生方はうなずいた。2時間ほど後には，母親は担任や学校の先生たちも辛いのだと気持ちを寄せることができていった。

　具体的な話題は，その後に出されていった。担任がY子さんの二学期の成績表を持参していた。それを見ながらY子さんは音楽が得意ですと学校復帰の話題に入っていった。急を要する話題であった。三学期に向けて学校復帰へのステップを担任から提案された。Y子さんは家庭内である楽器を習っているが，部活では吹奏楽部に入っていた。ブラスバンドの地区学校別発表会が近日26日に実施されることになっていた。それを1つのチャンスにしてみたいと担任から提案された。母親からも積極的な提案がなされた。当日は母親が付き添いで参加することになった。発表会が無事に体験できたときに，次には学校復帰を徐々に考えることができるとみんなが合意した。その結果を待って，年明けの5日にまたこの会をもつことを約束して別れた。3時間を使った。

終わりのころ，1人の先生は，これは本当に自分たちのための会ですね。1人でいくら気を揉んでも糸口が見つからず苦しい日々でした。こうやって一緒に話し合えると，解り合えるものですね。何も突っ張ったり，防衛したりすることなくて……気持ちが楽になりました。とハンカチを目に当てられた。

　26日，母親からの報告でブラスバンド発表会には自分もついていき，難なく終わったということであった。ブラスバンド部の中でも友達に囲まれて歌わされるなどのいじめがあったことが新たに発覚した。

3-4. 第2回　1月5日

　教頭，担任，養護教諭，学年主任，国語担当教諭，父親，母親，筆者　合計8名

　発表会に参加できたこと，始まる前には手足がしびれると訴えたが，壇の上に上がって演奏したという報告が音楽担当の学年主任と母親からあり，それを踏まえて8日からの新学期をどのように徐々に復帰していくかの話し合いになった。

　登校から下校までの学校生活表が作られた。細かい時間間隔でY子さんへサポートすることや，保健室を主な集まり場にして，母や先生方が会ったり連絡しあったりするというような約束事が話し合われた。さすがに学校の先生は合理的な手順作りが上手であった。登校下校は母親がしばらく付き添い，保健室で待機して様子をみるように決まった。

3-5. 第3回　1月13日

　校長，教頭，担任，学年主任，養護教諭，父親，母親，筆者　合計8名

　登校が再び始まって，この一週間の状態について担任から話があった。昼休み前ごろになると，トイレに隠れるようにして行って逃げ場にしている。5時間目後トイレ掃除当番あたりになると，平衡感覚がなくなるような様子でふらふらしてくる。昨年はこうなると1人では歩けなくなったが，今年に入ってからは何とか1人で歩いている。教師のほうもY子さんのほうも少し落ち着いてきている様子。母親は，送迎はもう少しの間はするが，保健室待機は止めてはどうかと思うと言う。教頭は，自習時間を担当したところ友達の1人がよくY

子さんのことに気配りをしていた，ノートの書き写しをして無事に終わったと報告した。

1月末にある修学旅行の話題になった。担任は何とか一緒に行きたいと言い，教頭もそういう気持ちが自分のほうにも起こってきていると気持ちを表すと，両親は先生方の気持ちを聞いて心から感謝していると嬉しい表情をしていた。ぎりぎり来週一週間様子をみて，またこの会で決めていこうということになった。

3-6. 第4回　1月20日

校長，教頭，担任，学年主任，養護教諭，父親，母親，筆者　合計8名
主な話題は，最近のY子さんの状態と修学旅行参加の最終決定。

何ごともない日もあるが，17日は4時間目の始めにいくつかの症状があった。18日には，ある場所で倒れて気を失っていた。と担任はみんなに伝えながらも，このように症状は出ているけれど自分自身としては精神的に何だか落ち着いてきている。Y子さんも穏やかな顔をしていると微笑んだ。音楽担当の主任も，Y子は授業中穏やかにしていて，元気ですよと言った。

筆者は，この日の2日前に（18日の午後），本人と母親に会っていた。Y子さんは初対面の筆者に対してもニコニコして応対した。言語レベルの表現が苦手そうだったので一緒に箱庭をして遊んだ。その様子から筆者はY子さんが周りに対して注意を払って接したり，効果的な確固とした方法で自分を守ったりする力がまだ十分育っておらず，脆弱であると感じた。特に否定的な感情（悔しいときや悲しい，辛いとき）の表現や解消の道筋を立てることの難しさを感じた。

Y子さん自身は修学旅行には行きたいと言っている。親もどうしても行かせてやりたいと思っている。だから親も一部同行して協力したいと言っている。そして今後，心の成長を促すために，親子ともに当所に通って心理治療を受けたい意向であることなどを親と本人の同意を得て報告した。

修学旅行は参加ということに決まった。2日目の自由行動のときは親が参加すると自主的に申し出た。業者の理解を得るように連絡をする，と校長も積極的であった。

3-7. 第5回　2月15日

　教頭，学年主任，養護教諭，国語担当，英語担当，担任，母親，筆者　合計8名

　英語担当教諭は，初めて参加。Y子さんと担任を支援したい気持ちとY子さんの症状について理解したいということであった。養護教諭は，Y子さんの学校での生活一覧表を持参。修学旅行は無事に行ってきたが，その後教室内外で症状が頻繁に出るようになった。そして保健室で休養することが多くなった。保健室には同学年のT子さんが常時いてその子と一緒にいるのが楽しいからということもあるらしい。どういう風にこれを捉えるか。などについて色々交わされた。

　やはり修学旅行はストレスが多くて疲れただろう。教室の近くにY子さんがそっと出て休めるコーナーを作ろうか。そこに一時ゆっくりできるソファーを置こうか。しかし保健室に自分で行けるときがあるのは1つの成長なのではないか。情緒障害児学級に行くことを来年度の3年生から考えたらどうか。これには即座に母親から反対が入った。積極的にケアをしてくれる女生徒が3人，4人と増えていった。その生徒たちにはY子さんも安心感が生まれてきている。

　とりあえず教室の外にある広い廊下にソファーのコーナーを作って休めるようにする。クラスの生徒に十分説明をする。しかし保健室に自ら行くときは受け入れるということになった。来年度，3年生の担任については，自分が続き引き受けたいと今のクラス担任が発言された。

3-8. 第6回　3月7日

　担任，学年主任，英語担当，数学担当，母親，筆者　合計6名

　毎日のように小さな症状は出るが，自分を傷つけ痛めているような表情はなくなってきた。友達もY子さんが最近特に明るくなったので，一緒にいるのが楽になってきたと言っている。担任はY子さんがクラスの子どもたちにも助けられているように感じており，最近はY子さんのみでなくむしろ自分も助けられているように感じて嬉しい毎日だという。

　Y子さん自身もからだの変化に少しずつ自覚が生まれはじめて，予兆のよう

なものも感じられるようになっている。倒れないで済むときもありますとＹ子さん自身が語っているということである。学校側の新年度体制は徐々に決まりつつあり，他校へ転任する先生もある。しかし担任は来年度もＹ子さんのクラス担任を希望しかかわっていくと，非常に暖かく積極的な表現をされていた。

　ここでサポートグループは終わった。

　新学期になって4月から心理治療面接を始めた。筆者は母親と続けて会うことになり，Ｙ子さんには別の女性臨床心理士が担当して継続することになった。

　その後心理治療は5年以上続いている。Ｙ子さんは徐々に自分の内面の感じをつかむことができるようになって，言葉による表現，楽器による創作などを徐々に試み始めた。症状はほとんどなくなった。学校では少人数ながら友だちから受け入れられるようになった。そして自由ノートには自分の気持ちの文章をたくさん書き溜めてきた。それは何冊にもなった。中学校を卒業した。高校を無事卒業し，大学にも進学したことを付け加えたい。

4. おわりに

　2つのグループを振り返ると，筆者にとって今でもからだいっぱいに満ちてくる感じがある。それはグループの中で，それぞれが建前を越えた本音の気持ちを語るときの迫力である。その言葉（魂）がメンバー間に響き浸透していく波が見えるようにも思える。このような関係の中に生きさせてもらうとき，筆者自身も魂が躍動し，そして穏やかに静かに鎮まっていく。生き生きと心が動く。このように豊かな気持ちをお互いに育むことができる場と関係性に改めて感謝する。

文　献
上里一郎・田畑　治他編　2000　メンタルヘルス事典　同朋舎
伊藤義美・増田　實・野島一彦編　1999　パーソンセンタード・アプローチ　ナカニシヤ出版
村山尚子　1997　パーソンセンタード・コミュニティの変化生成のプロセス　人間性心理学研究，**15** (1), 30-38.

村山正治　1993　エンカウンターグループとコミュニティ　ナカニシヤ出版
高松　里　2005　セルフヘルプ・グループとサポート・グループ　金剛出版

事項索引

あ
医学モデル　85
怒りの感情　9, 13
息切れ　12
意地の悪さ　8
イメージ・ワーク　59
異様なもの　15
内界の情緒的機能　109
援助的人間関係の質　16
エンプティ・チェア　59
親業訓練　139
親との対決　10
親との面接　2, 13, 15, 16

か
解明　78
抱える環境　53
学習障害　46
家族
　——関係　15
　——との対決　8
　——との面接　16
　——内観療法　96
　　の工夫　96
　——内の雰囲気　16
　——の成長　15
　——の理解と協力　16
　——への援助　16
家庭内の人間関係　15
家庭内暴力　3
感情の明確化　4
間身体的コミュニケーション　54
気づき　14
忌避妄想　13

ギャングエイジ　54
共同研究　75
強迫的防衛　104
拒否的態度　4
クライアントセンタード（client-centered）　123
クライアント中心療法　1
グループプロセス　122
傾聴　140
言語化　6
現象学　19
　——的人間学　19
　——による心理療法　20
高機能自閉症　46
肯定的な兆し　11
コミュニティ・セッション　124

さ
サイコセラピー　2
再生期　98
再体験　13
サッカーの夢　14
サポートグループ　137
自我形成の課題　46
自我構築の過程　52
自我防衛反応　46
自己　35
　——確信　5
　——課題　14
　——決意　10, 13, 15, 16
　——視線恐怖　2
　——臭　2, 13, 16
　——臭妄想　2, 13, 15
　——成立　35

――疎外（self-alienation）　68
――対決　16
――探究　8, 13, 14, 16
　　――の乏しさ　16
――との親密感　15
　　――の欠如　15
――内界　6, 8
　　――の表明　8
――の開示　4
――表現　14
――表明　7, 14
　　――・探索　7
――を探索する態度　7
時熟　20
思春期　13
――発症　13
――妄想症　2, 3, 13
自然治癒力　99
実演化や劇化　119
自閉症　46
――児の発達経過　46
臭気　15
受容期　97
状況依存性　13
象徴的な夢　9
情緒障害　46
初回面接　4
所有　15
真実の自己　16
心像　101
身体　15
　　――運動的かかわり　15
心理療法の目的　34
スモール・セッション　125
生活歴　13
成熟モデル　85
生成継承性文書　73
接触境界（contact boundary）　69
セラピスト側の純粋な自己感情表現　16

セラピストとしての態度　16
セルフヘルプグループ　137
率直な自己表明　6
尊厳　77

た
退却　12
対決　8, 10, 14
体験過程（experiencing）　1, 11, 13, 14
　　――への注目　16
　　――療法（Experiential Psychotherapy）　1
体験的（experiential）　1
　　――心理療法　1
対峙　14
体臭　5
　　――へのとらわれ体験　2
対人的・身体運動的体験　15
対人的コミュニケーション　16
宅訪　10
卓球　2, 4, 12, 13, 15, 16
単一症候の経過　13
治癒機転　13, 14
超越　34
　　――的，宗教的体験　35
治療過程　13
治療関係　13
治療状況　16
治療への動機づけ　4
　　――の弱さ　16
治療面接　13 - 16
沈黙　5, 6, 16
　　――がち　4, 13
　　――の内的意味　16
　　――の深みや豊かさ　14
伝え返し　5
ディグニティ・セラピー　73
低水準の防衛機制　101
転移感情　55
洞察の乏しさ　13

ドリーム・ワーク　　65

な
内観療法　　85
　——の定義　　87
内的生活歴　　5
内的成長　　14
内的世界の変容　　101
内的対象　　119
　——イメージ　　54
内的な旅路の同行者　　16
斜めの関係にある兄貴的存在　　16
ナラティヴ・セラピー　　74
臭い　　2, 13, 16
日本人の独特な超越性　　37
人間研究センター（CSP, Center for Studies of the Person）　　121
人間性回復運動（human potential movement）　　122
呑み込む母性　　54

は
パーソンセンタード・アプローチ　　1, 122
パーソンセンタード・エンカウンターグループ　　121
パーソンセンタード・セラピー　　1
パーソンセンタード／体験過程療法　　2, 16
発達環境の調整　　46
PCA　　138
非言語的かかわり　　15
非言語的身体活動　　4

否定的（な）感情　　8, 13
描画　　101
表現（芸術）療法　　101
ピンポン玉　　15
ファシリテーション　　122
ファシリテーター　　122
福岡人間関係研究会　　123
不登校　　2, 95
不明熱　　89
分離不安　　53
母子併行面接　　43
本音　　14

ま
見えない発達障害　　46
面接過程　　4
妄想—分裂的水準　　104
妄想的確信　　2
喪の営み期　　98

や
夢　　9, 13, 101
「容器」としての治療関係　　101

ら
来談拒否　　10, 13
来談への動機づけ　　15
ラホイヤ・プログラム（La Jolla Program）　　121
リ・メンバリングする会話　　75

わ
若者的な思い上がり　　8

人名索引

あ
安部恒久　*122, 124, 133*
池田豊應　*19*
石井　光　*87*
伊藤唯真　*38*
伊藤義美　*122*
ウィンスレイド（Winslade, J.）　*75, 78*
エプストン（Epston, D.）　*74*

か
加藤　敏　*20*
河合隼雄　*86, 87, 94, 99, 101*
木村　敏　*20*
クライン（Klein, M.）　*119*
倉戸ヨシヤ　*69*
ゴードン（Gordon, T.）　*139, 140*
近藤千恵　*139*

さ
ジェンドリン（Gendlin, E. T.）　*1, 2*
シェイクスピア（Shakespeave, W.）　*119*
鈴木真之　*122*
荘子　*37*

た
高松　里　*137*
田畑　治　*122*
チョチノフ（Chochinov, H. M.）　*73, 80*

な
夏目漱石　*37*
野島一彦　*123, 133*

は
ハート（Hart, J. T.）　*1*
パールズ（Perls, F. S.）　*69*
畠瀬　稔　*132*
ビンスヴァンガー（Binswanger, L.）　*20*
フッサール（Husserl, E.）　*19*
ブランケンブルク（Blankenburg, W.）　*20*
フロイト（Freud, S.）　*20, 88*
ヘツキ（Hedtke, L.）　*75, 77*
ホワイト（White, M.）　*74, 77, 78*

ま
マーラー（Mahrer, A. R.）　*1*
真栄城輝明　*85*
正岡子規　*37*
三木善彦　*87*
村上靖彦　*2*
村山正治　*123, 134*
モーガン（Morgan, A.）　*75*

や
山折哲雄　*37*
湯川秀樹　*37*
ユング（Jung, C. G.）　*20, 37*
吉本伊信　*85, 86, 94*

ら
ロジャーズ（Rogers, C. R.）　*1, 2, 20, 35, 121, 134, 139*

わ
渡部昇一　*37*

[執筆者一覧]（*は編者）
第1章　伊藤義美（いとう　よしみ）（名古屋大学大学院環境学研究科教授）*
第2章　池田豊應（いけだ　ほうおう）（愛知学院大学心身科学部教授）
第3章　後藤秀爾（ごとう　しゅうじ）（愛知淑徳大学コミュニケーション学部教授）
第4章　井上文彦（いのうえ　ふみひこ）（大阪女学院大学国際・英語学部教授）
第5章　小森康永（こもり　やすなが）（愛知県がんセンター中央病院緩和ケア部精神腫瘍診療科医長）
第6章　真栄城輝明（まえしろ　てるあき）（大和内観研究所所長）
第7章　岡田　敦（おかだ　あつし）（椙山女学園大学大学院人間関係学研究科教授）
第8章　安部恒久（あべ　つねひさ）（鹿児島大学大学院臨床心理学研究科教授）
第9章　村山尚子（むらやま　なおこ）（心理教育研究所赤坂主宰）

ヒューマニスティック・サイコセラピー　ケースブック1
2008年9月1日　初版第1刷発行　　定価はカヴァーに表示してあります

編　者　伊藤義美
発行者　中西健夫
発行所　株式会社ナカニシヤ出版
〒606-8161　京都市左京区一乗寺木ノ本町15番地
Telephone　075-723-0111
Facsimile　075-723-0095
Website　http://www.nakanishiya.co.jp/
Email　iihon-ippai@nakanishiya.co.jp
郵便振替　01030-0-13128

装幀＝白沢　正／印刷・製本＝ファインワークス
Printed in Japan
Copyright © 2008 by Y. Ito
ISBN978-4-7795-0226-2